「低度」外国人材

移民焼き畑国家、日本

安田峰俊

角川新書

はじめに

陽性反応

「あの交通事故は、なんだか変な感じだったんですよ」

二〇二〇年五月二五日、制服姿の女性がレジを打ちながらそう話した。パートで勤務している近所の奥さんのようだ。他に客がいないときを見計らって話しかけたからか、勤務中にもかかわらず彼女の口はなめらかだった。

「念のため確認しますが、それは四月一四日の午後三時五〇分ごろに、この店の前の交差点で起きた交通事故のことですね？」

「そうです。私の勤務中に起きたんです。道路に飛び出した歩行者が乗用車とぶつかりました。人が亡くなったり大けがをしたりはしなかったみたいなのに、警察が大勢集まってきたので、かえって印象に残っているんですよ。事故のあと、パトカーだけじゃなく覆面パトカーまで何台もやってきて。うちの駐車場にずらっと」

そう言って彼女が視線を走らせた先の駐車場には、私が取材のために借りたレンタカーが停まっている。ここは、群馬県佐波《さわ》郡玉村町《たまむらまち》の街道沿いにあるコンビニの店舗なのだ。

「じゃあ、あの事故の詳しい事情についてはご存じでしょうか？」

「いや……。私は店内にいましたから、それはよくわからないですよ」

「車にはねられたのは外国人でした。近所の噂になりませんでしたか？」

「外国人らしいですよねえ。でも、特に噂には——。あれ？　記者さんがこんな場所まで取材に来るって、やっぱり大事件だったんですか？　どんな人が轢《ひ》かれたの？」

興味深そうな表情で逆に尋ねてきた奥さんに「大した話じゃないですよ」と答え、礼を言って店を出る。

なんだか自分がメン《M》・イン《I》・ブラック《B》（ＵＦＯの目撃事件を追う秘密組織）のエージェントになったような気分である。だが、地域住民が事件の詳細を把握していない以上、私が彼女に真相を明かす必要はないはずだった。

……実は、轢かれた人物はフイという名の二〇代のベトナム人不法滞在者だったこと。

……フイが病院に搬送された後、骨折の有無を調べるために全身のＣＴスキャンを撮影したところ肺に白い影が見つかり、急遽《きゅうきょ》ＰＣＲ検査をおこなった結果、新型コロナウイルスに感染していることが判明したこと。

……事故処理にあたった伊勢崎《いせさき》署員の警官一人が濃厚接触者とされ、他の警官五人と一緒に当面の自宅待機を余儀なくされたこと。

もっとも、事件が起きたのは一ヶ月以上前であり、ウイルスの潜伏期間はとうに過ぎている。

あの日、彼女の勤務先の目の前の交差点があやうく感染クラスターの発生現場になりかけたことは、知らぬが仏の話なのだ。

ベトナム人不法滞在者「ボドイ」の宴

事件についてもうすこし整理しておく。

実は、玉村町でフイが車にはねられた交通事故には前段階があった。十字路での事故直前、現場からすぐ近くの新興住宅街で、フイは同じベトナム人不法滞在者の友人クアン（仮名）とともに、自動車を敷石に乗り上げさせる自損事故を起こしていたのだ。

現場はまだ新しい直線道路で、路肩は広かった。また、周囲の新興住宅街は空き区画が多く、周囲の見通しもよかった。それでもフイがハンドル操作を誤ったのは、酔っ払い運転のためだった。

「フイとは面識があるよ。この近所のベトナム人同士で、集まってご飯を食べるときにいちど姿を見かけたくらいだけど。彼は元技能実習生で、職場から失踪《しっそう》して不法滞在者になっていた人のはず」

玉村町に隣接する伊勢崎市内で、大手スーパー系列の食品加工工場に勤務するベトナム人技能実習生のマイ（仮名、二七歳）は、私の取材にそう話した。

事故を起こしたフイは現地のベトナム人労働者の間では顔が広い人物で、隣接する埼玉県本庄《ほんじょう》市にあるベトナム仏教寺院の行事にもしばしば参加していた。マイは続ける。

「新型コロナウイルスが流行してから、まっさきに仕事がなくなったのが不法滞在者。フイたちはヒマを持て余して、昼間から八～九人で集まって酒盛りをしていた。帰りの運転中にフラフラして、事故っちゃったみたい」

お尋ね者である不法滞在者が、なぜ白昼に堂々と集まって酒を飲み、おそらく日本の運転免許を持たない状態で酔っ払い運転をおこなっていたのか。多少の説明が必要だろう。

フイや友人のクアンは、もともと外国人技能実習生だったとされる。

技能実習制度は、建前としては外国人の若者が職業技能の習得を目的に来日して「実習」をおこなう制度なのだが、実質的には人手不足に悩む日本の非熟練労働現場に、有期雇用かつ最低賃金レベルで働かせることができる安価な労働力を補充する仕組みとして機能している。二〇一九年末現在、日本国内で働く技能実習生は約四一万人で、うち過半数の二一・八万人がベトナム人である。

だが、たとえ雇用先や実習生斡旋《あっせん》事業に携わる人たちにとってメリットが多い制度でも、働く側の満足度が高いとは限らない。

コロナ禍以前、二〇一八年の一年間に日本国内で失踪した技能実習生は九〇五二人、二〇一九年も八七九六人に達した。大部分のケースでは、低賃金に嫌気がさしたことが動機である。

特にベトナム人の場合、来日費用として母国で六〇万〜一五〇万円ほどの借金を負っている例が非常に多い。日本での「実習」の賃金が安すぎることで、借金の返済が滞ってしまうことをおそれて、彼らは失踪を選ぶのだ。いまやベトナム人技能実習生の間では、実習先からの逃亡と、その結果として不法滞在者になることはまったく珍しくなくなっている。

逃亡した技能実習生は、ひそかに建設現場などで働く。在日中国人から偽造の在留カードを購入すれば、（新型コロナの流行前は）潜り込める職場がいくらでもあったのだ。実習生時代は九万〜一二万円程度だった手取りの月収は一五万〜二〇万円程度に増え、母国での借金の返済や家族への仕送りも楽になる。

住居については、他のベトナム人留学生や不法滞在者らと複数人で入居審査が甘い格安の賃貸物件の部屋をシェアする。さらに、自家用車すらも在日ベトナム人のネットワークを通じて調達できる。当然、名義変更も経ていない車にニセモノの車検証を貼り付けて乗り回す無免許運転だ。彼らが逃亡を余儀なくされるに至った事情は理解するものの、逃亡後の彼らの振る舞いは、一般的な日本人の感覚では眉《まゆ》をひそめたくなる話が多い。

「逃亡者（＝不法滞在者）たちは、無免許運転をやっても自分たちは捕まらないと思っているんですよ。実際、日本で検問はそれほど多くないですし、バレずになんとかなってしまいます」

今回の取材で私に協力してくれた、日本育ちの在日ベトナム人のチー（第二章、第七章参照）はそう説明する。

いっぽう、こうした不法滞在者たちに対して、正規の滞在資格を持つベトナム人の技能実習生や留学生たちは、意外にもあまり抵抗感を持っていない。技能実習生の場合、本人自身もなんらかの事情により逃亡して不法滞在者の仲間入りをする可能性が常に存在しており、ベトナム人留学生の多くも、最初から就労を主たる目的として来日している。彼らの目から見た不法滞在者の同胞は、日本での出稼ぎにあたって、自分たちと違う方法を選んだ人たちにすぎない。チーは続ける。

「逃亡者たち自身も、自分が日陰者だという意識はほとんど持っていないですね。たとえば（事故を起こしたフイのように）在日ベトナム人の寺院の手伝いをする人や、技能実習生や留学生たちと友達付き合いをする人も普通にいる。在日ベトナム人のコミュニティに、当たり前のように組み込まれています」

　彼らを結びつけるのはＳＮＳである。特にベトナム人の場合、国民的な人気があるフェイスブックがよく活用されている。オンラインコミュニティのなかで、不法滞在者やドロップアウトした偽装留学生などのやんちゃな出稼ぎベトナム人労働者たちがしばしば自称するのが、「bộ đội《ボドイ》」（兵士）という名称だ。

　フェイスブック上には『ボドイ・ナゴヤ（名古屋兵士）』『ボドイ・グンマ（群馬兵士）』などの、日本の地名を冠したベトナム語のコミュニティが大量に存在する。「ボドイ」という呼称には、異国で働く自分の奮闘ぶりを兵士になぞらえていることに加えて、自分たちが日本の官憲や入管職員と戦う存在であるという含意もあるようだ。

　実際、約二・五万人のメンバーを集めている人気コミュニティ「ボドイ・グンマＪＡＰＡＮ２０１８」をのぞき見てみると、実習先から逃亡する方法や日本人との偽装結婚の手引き、自家用車を持つ不法滞在者が同胞向けに提供している白タクサービス、車検証や銀行口座の売買など、かなり怪しげな情報が大量に飛び交っている様子が確認できた。

隠されたコロナ感染

四月一四日の午後、群馬県玉村町で自損事故を起こしたフイとクアンも、そんな「ボドイ」の若者だった。

彼らは新型コロナウイルス流行の影響を受けて仕事が激減し、困窮していた。かといって当時、ベトナムに帰国する飛行機は多くが運休し、しかも厳しい防疫体制を敷くベトナム政府は、海外から帰国する自国民をなかなか入国させないことで知られていた。

日本で働き続けることも帰国することもできず、八方塞《ふさ》がりである。しかし南国の民は楽天的だった。彼らは平日の昼間から、同様の境遇にある同胞たちと集まって酒盛りに興じていた。フイが酔っ払い運転によって自損事故を起こしたのは、その帰路のことである。

ただし、彼らが不運だったのは、警邏《けいら》中のパトカーに事故現場を発見されたことだった。フイたちは現場から走って逃げ出し、追いかける警官たちを振り切ろうと、すぐ近くを通る旧街道との十字路に左右も見ずに突っ込んだ。結果、フイは通行中の乗用車と接触して負傷し、警官に身柄を確保されて病院へ搬送される。いっぽう、クアンは現場から逃走した。

そして搬送先の病院で、フイの新型コロナウイルスの感染が判明する。彼はいったん隔離入院処置を受けてから、退院後に入管難民法違反（不法残留）の疑いで群馬県警に逮捕され、入管に引き渡された。いっぽうで現場から立ち去ったクアンも、四月二〇日に県警の捜査に

フイが車にはねられた十字路

よって近隣の藤岡《ふじおか》市内にある潜伏先が突き止められ、やがて逮捕された。

さいわいクアンのＰＣＲ検査の結果は陰性であった。


ところで、一連の騒ぎは地元の『上毛新聞』を中心に複数の新聞で報じられたが、フイについては「外国人」としか書かれていない。そのため、在日ベトナム人不法滞在者のコミュニティとコロナ流行との関係を知った地域住民はほとんどいなかった。

「あの交通事故のあとでコロナ感染がわかった男性ですね。うちらは『二十代の東南アジア系の外国人』としか明らかにしていないの。名前も国籍も、公開していないんです」

所轄の伊勢崎署に事情を尋ねにいくと、副署長から開口一番にそんな返事がきた。技能実習生のマイから事情を聞いていた私が、最初から「ベトナム人のフイ」という個人名を出して質問したことで、彼はすこし訝《いぶか》しげだった。

もっとも、この副署長は気さくなタイプで、ほどなく背後の事情を説明してくれた。

「最近、このへんは外国人が一気に増加していて、地元の住民からはいろんな声が出ているわけですよ。同じ群馬県でも（人口の一九％が外国人である）大泉町《おおいずみまち》のほうなんかは、地元の人も慣れているからまだいいんだけれど、ここ（伊勢崎・玉村）はまだ田舎ですからね。古くから住んでる人も多いから、慣れるのに時間がかかるんです」

「わかる気がしますよ。私の地元も、ここと似たような雰囲気です」

「だからね。コロナ感染者の国籍やビザ状況を不用意に公表することによって、外国人全体への偏見が強まるのはよくないと。外国人といってもね、不法滞在や犯罪なんかしない、ちゃんとやってる人もいるわけです。そういう人のほうが多いんだから。そういう人に石を投げたりだとか、子どもが学校でいじめられたりだとかね。なっちゃまずいと。それはいけない」

「外国人に石を投げたり子どもがいじめられたり、という現象がすでに起きているんですか？」

「いや、起きてない。でも、懸念をしたわけです」

伊勢崎署側の判断で、報道向けの発表では容疑者の国籍が伏せられ、さらに初期段階では彼らが不法滞在者であることすら公開されなかった。そのため、記者クラブ経由で事件を伝える各新聞社の報道は、ピントがぼやけたベタ記事ばかりになった。

工業と農業がともに盛んな群馬県は、近年の外国人労働者の増加によって人口に占める外国人比率が急上昇し、二〇一九年末には全国三位の三・一八%に達している。比率一位と二位は東京都と愛知県という大都市圏なので、「田舎」でありながら地域に多くの外国人を抱える群馬県は、ちょっと異質な存在だ。当然、二〇一九年の犯罪摘発人数のうちで外国人が刑法犯に占める割合も、群馬県では住民の外国人比率とほぼ同様の三・一%に達している。

そうした地域で、日本人が実態をつかみきれていないベトナム人の不法滞在者フイが酒を飲んだ状態で自動車を乗り回して自損事故を起こし、警官からの逃亡中にさらに交通事故に遭って、たまたまコロナ感染が判明する事態が起きた。事故の直前にフイが酒席で濃厚接触していたはずの、他の「ボドイ」たちの行方も、現在までほとんど明らかになっていない。

お尋ね者である彼らは、仮に体調を崩してもめったに病院を受診しない。日本語の情報が届きにくく、若者の単身者が多いこともあって、感染予防にも消極的だ。不特定多数で住居や車両をシェアしたり、宴会をおこなったりしていることからも、彼らのコミュニティが感染クラスター発生の母体になるリスクは少なからずある。

だが、未知の感染症の流行と全国的な緊急事態宣言の発令という未曾有《みぞう》の状況のなかで、事件の実態を不用意に公開することは、ともすれば排外主義的なパニックを招き、いっそうの社会混乱を招きかねない。すべては知らぬが仏の話にしたほうがよいのである――。

情報の公開を恣意的に制限した伊勢崎署の独断と、警察発表の内容を無批判に垂れ流している日本の記者クラブ報道のありかたは問題が大きそうだ。しかし、この事件に際して伊勢崎署側が抱いた懸念それ自体については、理解ができる部分もなくはなかった。

「低度」外国人材たちの急増

さて、本書のタイトルは『〝低度〟外国人材』である。

念のため断っておけば、この言葉は私の造語だ。もっとも、真逆の意味を持つ「高度外国人材」という言葉はすでに世間で広く用いられている。インターネットで検索すると、入国管理局や厚生労働省、日本貿易振興機構（ジェトロ）といった、そうそうたる公的機関のホームページも多数引っかかる。

そのなかで、総務省が公開している「高度外国人材の受入れに関する政策評価書」（令和元年六月）では、日本政府が二〇一二年から開始した高度人材ポイント制度に関連して「高度外国人材」を以下のように定義している。

高度人材ポイント制は、日本の経済成長等に貢献することが期待されている高度な能力や資質を持つ外国人を対象に、「高度学術研究活動」、「高度専門・技術活動」及び「高度経営・管理活動」の3つの活動類型を設定し、それぞれの活動の特性に応じて、「学歴」、「職歴」、「年収」といった項目ごとにポイントを設け、その合計が70点以上に達し、かつ、年収が一定額以上であること等の要件に該当した外国人を「高度外国人材」と認定し、認定した者には、複合的な在留活動を許容するなどの出入国管理上の優遇措置を認めるものとなっている。

かいつまんで言えば、高度人材ポイントは、学歴や年収が高くて年齢が若く、学術研究の実績や社会的地位を持ち、日本語が流暢《りゅうちょう》でイノベイティブな専門知識を持つ人ほど高くなる。すなわち、日本国家はそういう外国人こそ歓迎するべき相手である、と考えているわけだ。

また同じ書類のなかでは、政府が二〇〇九年五月二九日に開いた高度人材受入推進会議の報告書の文言を引用する形で、高度外国人材について以下のような定義も見つかる。

我が国が積極的に受け入れるべき高度人材とは、「国内の資本・労働とは補完関係にあり、代替することが出来ない良質な人材」であり、「我が国の産業にイノベーションをもたらすとともに、日本人との切磋《せっさ》琢磨《たくま》を通じて専門的・技術的な労働市場の発展を促し、我が国労働市場の効率性を高めることが期待される人材」と定義付けることができる。

とはいえ、「高度」な人材がいるということは、それとは真逆の属性を持つ人材もやはり存在するはずである。ならば「〝低度〟外国人材」とは、どのように定義づけられる人々だろうか？

おそらくそれは「国内の資本・労働と健全な補完関係に置かれておらず、容易に代替が可能な劣位の人材」で、かつ「我が国の産業にイノベーションをもたらさず」「日本人との切磋琢磨もなく専門的・技術的な労働市場の発展を促すこともなく」「我が国労働市場の効率性を高めないまま働いている人材」といったところになる。

さらに言うならば、（年齢は若いかもしれないが）学歴・年収が低く、日本語はろくに喋《しゃべ》れず専門知識もない、非熟練労働に従事している人材。日本国家が温かく歓迎しているわけでもないのに、向こうから好き好んでやってくる人材――。そんな残酷な説明もできそうである。

群馬県玉村町でトラブルを起こしたベトナム人のボドイたちは、まさにこの定義にぴったりと当てはまる人々だ。彼らは日本国家が欲しがる外国人のモデルとは真逆の存在にもかかわらず、技能実習制度などを通じて海外から輸入され、わが国の社会に組み込まれている。

新型コロナ流行直前の二〇一九年末、在留外国人数は二九三万三一三七人に達し、前年末に比べ二〇万二〇四四人も増えて（七・四％増）過去最高を記録した。二〇一七年以降、日本の総人口の二％以上は外国人で占められている。だが、その内訳において、高度外国人材と比較的性質が近そうな専門的・技術的分野の就労資格を持つ在留外国人数は約四〇万人で、全体のなかで七分の一にとどまる（しかもこれは、中華料理店やインドカレー・レストランのコックなど、高度外国人材には合致しなそうな専門的労働者たちが多数含まれたうえでの数字だ）。

逆に多いのが、前年比で一二五％となった技能実習生の約四一万人や、同じく前年比一〇二％である（就労目的の人がかなり多い）留学生の約三四・五万人などである。皮肉なことに、日本政府が欲しがる人材とは真逆の個性を持つ労働者のほうが、より大勢日本を目指している現状があるのだ。

日本社会は実態としては「高度」に非《あら》ざる外国人材に強く依存し、彼らを必要としている。極度に進行した少子高齢化のもとで労働人口が減少し、国民の平均年齢の上昇と慢性的な経済停滞によって社会的活力の衰退が止まらない斜陽の先進国にとって、たとえ「低度」の外国人材であろうと若くて安い労働者の需要は高いのだ。多くの外国人を受け入れ、彼らに社会をともに支えてもらうことは、好むと好まざるとにかかわらず不可避の状況になっている。

従来、日本政府は移民の受け入れに消極的な姿勢を貫いてきたが、二〇一九年四月にはその方針を転換して、将来的な日本定着も可能な就労ビザである、特定技能ビザ制度をスタートさせた。

すなわち、期限付きの技能実習や留学ではない形で、必ずしも「高度」ではない外国人材の受け入れに前向きな姿勢を示しはじめた。問題が多い技能実習制度を温存した上での新制度の設置とはいえ、すでに実態としては進んでいた日本の移民社会化の流れが、制度的にも追認されたと言っていい。

「かわいそう」と「叩き出せ」のマンネリズム

ゆえに二〇一九年ごろから、テレビや雑誌で外国人労働者問題や移民問題に関する特集がしばしば組まれ、数多くの書籍が出版されるようになった。マスメディアの関心は、なぜか一貫して高度外国人材よりも〝低度〟の外国人材のほうに向いているきらいがあり、インターネット上のニュースでも、技能実習生や偽装留学生、不法滞在者といった話題のほうがユーザーのアクセスを集めやすい傾向がある。

とはいえ、率直に書くなら、最近の私は在日外国人問題に関連した報道や論考に対してやや食傷気味である。なぜなら一部の例外を除いて、在日外国人に関連した情報は、切り口がしばしば紋切り型になりがちだからだ。

特に多いのが以下の三つの傾向である。

①かわいそう型 ……主に外国人労働者のかわいそうな事例をたくさん集め、理想主義的なポジションに立って日本社会の問題点を断罪する。
②データ集積型 ……外国人労働者に関連する数字や固有名詞がびっしりと羅列されたレポート的な情報を提示する。結論は①に近いことが多い。
③叩《たた》き出せ型 ……外国人の増加に懸念を示して、読者の排外主義感情を情緒的に刺激する。商業的にはこちらのほうが「強い」。

優等生的なきれいごとのお叱りか、官僚的な数字の羅列か、人間の不信や憎悪や差別意識をむやみに煽《あお》る強い言葉か。

「かわいそう」なり「叩き出せ」なりのステレオタイプの図式に落とし込んで作られたスト

ーリーのなかで、在日外国人という存在が著者の主張を補強するための記号のように用いられている例も少なくない。

排外主義的な文脈で描かれる外国人の姿が没個性的になりがちなのはもちろん、「かわいそう」な存在として描かれる外国人についても、これは同様だ。日本に憧《あこが》れてひたむきな努力を欠かさない善良な人物が、欠陥の多い制度と悪辣《あくらつ》な事業者のもとで塗炭の苦しみにあえいでいるというお馴染《なじ》みの図式は、特に大手メディアの報道を中心にしばしば見られる。

だが、この手のストーリーは、マンネリズムゆえに生身の人間の話だという実感を覚えづらく、当然、見聞きしていても面白くない。ゆえに私は思わず、こんな使い古された言葉をあえて使ってみたくなってしまう。

――われわれは労働力を呼んだのに、来たのは人間だった。
(Wir riefen Arbeitskräfte, und es kamen Menschen.)

戦後、ドイツで移民問題を論じる際にしばしば引用されてきた一節だ。もとは一九六五年、隣国スイスのマックス・フリッシュという作家が「スイス経済は労働力を呼んだのに、来たのは人間だった」(Die schweizer Wirtschaft hat Arbeitskräfte gerufen,und es kamen Menschen)

と書いた言葉が由来らしいが、細部を言い換えた現在の表現が人口に膾炙《かいしゃ》することになった。当然、わが日本にやってくる外国人労働者や移民たちも、血の通った人間である。しかも、日本政府が三顧の礼で迎えたいはずの、高度外国人材とは真逆の個性を持つ人たちのほうが多い。

生身の「〝低度〟外国人材」は、紋切り型の報道のなかで語られるような、絶対的な弱者や被害者たちの群れではない。むしろ異国で生き抜くためにギラギラしている人が少なからずおり、ゆえに傍目から見て腹が立つことがある。

だが、ポピュリズム的な移民反対論で指摘されるような、集団で計画的に日本を乗っ取る、犯罪によって社会混乱を作り出すといった「反日」的な陰謀をたくらむ存在でもない。特に技能実習生や不法滞在者の場合、彼らが来日を決めた経緯や不法滞在状態になった経緯は、いきあたりばったりの積み重ねである。もとより「〝低度〟外国人材」は長期的な視野や周到な計画性に基づいた行動とは非常に相性が悪い存在であって、陰謀からは遠い世界に生きている。

——われわれは記号としての弱者や敵を想定していたのに、いたのは人間だった。

先の名言をもじって言うなら、日本における外国人問題をめぐる議論に私が抱く違和感の正体は、こういうことになるかもしれない。

そう。昨今話題の外国人労働者問題や移民問題の主役たちはよくも悪くも人間なのである。

私はその姿を、腹が立つ部分も気持ちが悪い部分もかわいそうな部分も含めて、本書のなかで描いてみようと考えたのだった。

目次

第一章

コロナ、タリバン、群馬県

——隣人は平和な「イスラム原理主義者」

扉写真　境町にあるモスク

地方のモスク

レンタカーを停めて歩くと、狭い路地が入り組んでいた。

小川にかかる石橋はかなり古く、板塀と広い庭を持つ古民家もちらほらと見つかる。

ここは群馬県伊勢崎市境町《さかいまち》地区だ。私の故郷の滋賀県湖東《ことう》地方となんとなく似た雰囲気を感じるのは、江戸時代に旧街道沿いの宿場町だった土地だからかもしれない。この街はかつて境宿《さかいしゅく》が置かれ、中山道《なかせんどう》と東照宮《とうしょうぐう》を結んだ日光例幣使《にっこうれいへいし》街道という脇街道の駅站《えきたん》のひとつだった。ちなみに、「はじめに」で言及したベトナム人フイの交通事故の現場も、ここから日光例幣使街道を一四キロほど西に進んだ玉村宿の付近である。

ただ、境町の街並みからは荒廃した雰囲気が感じられた。戸建ての家屋には空き家がまじり、一見すると立派なたたずまいの家でも、近寄ると窓ガラスが割れている。なかには鉄骨製の巨大な階段が途中から崩壊したまま、放置されている事務所風の廃墟もあった。街が壊《え》死《し》しかけていると言うべきだろうか。

——いっぽう、東武《とうぶ》伊勢崎線の境町駅に向けて歩くと別の側面も見えてくる。

たとえば、駅のすぐそばにある築五〇年以上かと思える木造の日本家屋は、内部に人が住んでいる気配があった。二階に日の丸とバングラデシュ国旗が描かれた看板が出ており、一階の一部はイスラム文化圏の建築物風のデザインに改装されている。

貿易会社とハラルフード・レストランを営んでいるらしい。ハラルフードは、ムスリム（イスラム教徒）たちが戒律にもとづいて食べることを許されている食材や料理だ。この店はたたずまいからして、地域の日本人住民よりも南アジア系の同胞を主な客にしているようである。

近くではアラビア文字の看板を出す、別の貿易会社も見つかった。店の前で売られていた二台の中古車は、平成一六年（二〇〇四年）製造のマツダの軽自動車が七万円、年式不明のトヨタ車が二五万円だ。マツダ車のフロントガラスには「1 Year Shaken（あと一年で車検）」と書かれた紙が貼られていたので、ベトナム人の不法滞在者たちが乗り回す車両とは違い、合法的な手続きを踏んで販売されているのだろう。

さらに、付近にはイスラム教の礼拝施設であるモスクもある。

二階建ての、事務所や公民館を思わせる建物だった。さすがに海外のモスクのようなミナレット（尖塔《せんとう》）やタマネギ型の屋根はないものの、二階部分の壁が水色に塗られているのは独特のセンスである。建物正面の二階の壁には、「DARUSSALAM MASJID（TABLEEGI MARKAZ）」という施設名と、メッカのカアバ神殿の黒石とムハンマドの霊廟《れいびょう》である預言者のモスクのイラストが印刷された大きな看板。後で調べたところ、DARUSSALAM MASJID はアラビア語で「平安の国のモスク」。TABLEEGI MARKAZ はウルドゥー語（インド亜大陸のムスリムの言語）で「宣教センター」を意味しているようだ。

玄関に近づくと、新型コロナウイルスの感染予防を呼びかける内容のポスターが貼られていた。文法的に正しい日本語と英語が併記された文言と、整った色使いやデザインは公的機関の発行物のようだったが、よく見ると境町モスクで自作したもののようだ。

さらに靴箱の近くには、来訪者に向けて呼びかけた別のポスターもあった。いわく。

اللهم افتح لي ابواب رحمتك

（アッラーよ！　私のためにあなたの慈悲の扉を全てお開きください）

もっとも、言葉とは裏腹に玄関の扉は閉じられており、周囲に人気《ひとけ》はない。

Google マップ上に掲載されている固定電話の番号をコールしても、誰も出なかった。

この日は二〇二〇年五月二一日だ。東京都内では新型コロナウイルス流行にともなう緊急事態宣言がまだ発令されている時期だった。緊急事態宣言は群馬県ではすでに解除されていたが、ひょっとしたら大事を取って施設を閉鎖したのかもしれない。

もうすこし周囲を歩いて、なにか別の取っ掛かりを探したほうがよさそうだ――。

この日、私が群馬県を訪れたのは、月刊誌『文藝春秋』の取材のためだった。二〇二〇年一月に中国発の新型コロナウイルスの流行が表面化して以来、メディアの報道は感染症の話題で一色である。このときの私の取材内容も、コロナ禍のなかで在日外国人がどんな影響を受けているかを調べるものだった。

首都圏の外周部には外国人が多く住む地方都市がいくつもある。たとえば、群馬県南部の太田《おおた》市・伊勢崎市・館林《たてばやし》市などはベトナム人労働者や南アジア系のムスリム住民が多く、同じく群馬県の大泉町には日系ブラジル人労働者が多い。また、埼玉県では西川口《にしかわぐち》一帯がここ数年で急速に中国人タウンと化しているほか、蕨《わらび》市にクルド人、八潮《やしお》市にパキスタン人のコミュニティが存在する。私はこれらのうちで、特に外国人住民比率が高い群馬県のベトナム人（第二章参照）とムスリムを中心に取材してみようと思った。

群馬県の外国人社会については、すでに二〇一五年七月二五日付けの『ロイター』日本語版をはじめ複数の報道がなされ、太田市と伊勢崎市の間にムスリムの子弟向けのマドラサ（教育機関）を併設したモスクがあると伝えられている。これは境町地区のモスクのことらしい。

マドラサが作られるのは、近隣にムスリムのコミュニティがあるからだろう。ぜひ自分の目で見てみたいものである。

境町の外国人ムスリムから見たコロナ禍は、どういったものなのか。

群馬のイマームに会う

跨線橋《こせん》を渡って境町駅の北側に出ると、バングラデシュ人のコックが働くカレー屋があり、同じビルにはさっきとは別のハラルフードの食材店が入っていた。

ちょうど店の前にトラックが停まっており、白いシャルワール（南アジア系の民族衣装）を着てムスリムの礼拝帽をかぶった山羊髭《やぎひげ》の男たち数人が食材を積み降ろししている。

さらに、店の内外では同じ服装の外国人男性たちが手持ち無沙汰《ぶさた》気味に大勢うろうろしていたが、彼らが客なのか店員なのかはよくわからない。店内に入って棚の品揃えを確認すると、デーヴァナーガリー文字が書かれた箱に入ったカレー粉が目についた。インドからの輸入品だろう。

「ハロウ?　イラシャイマセ?」

店員が声をかけてくれた。さっそく、境町のムスリムを取材したいと伝えてみたが、この店員は実は日本語がわからなかったらしく、周囲の仲間と一緒に困ったような表情を浮かべている。そこで英語に切り替えたが、今度は私の語学力の問題――のみならず、彼らの強烈な南アジア訛《なま》りのせいで、やはりコミュニケーションが取りにくい。四苦八苦する私を見て、他の男たちも物見高そうに集まってきた。

言葉の通じづらさも、珍しいことがあるたびにヒマそうな男たちがワラワラと集まってくる現象も、インド亜大陸の一帯を旅行した経験がある人にとってはおなじみの展開だ。もっとも、ここはダッカやコルカタ（カルカッタ）の下町ではなく群馬県のはずなのだが。

やがて、気づけば一〇人近く集まった男たちのなかに、子ども用のシャルワールをまとってイスラム帽をかぶった、浅黒い肌に丸っこい体型の少年がまじっているのに気付いた。これは助かったかもしれない。言葉を日本語に戻して話しかける。

「ちょっとごめん。君はたぶん日本育ちですよね？　私の言葉はわかる？」

「あっ、はい。わかります」

「君のパパはどこの国の人で、君はいくつですか？」

「インドです。僕は一〇歳の小学生です」

ネイティブの発音だ。この地区の境《さかい》小学校は全校生徒の六％が外国人だとされる。彼もそこに通っているのかもしれない。ちなみにインドは一般的にはヒンドゥー教のイメージが強いが、イスラム教を信仰する人も約一・九億人いるムスリム大国だ。

「私は記者です。誰か、日本語が話せて、あなたたちのコミュニティの事情に詳しい人はいませんか？　……と、大人の人たちに聞いてもらっていいかな」

「はい。聞いてみますね」

少年がベンガル語らしき言語で大人たちに話しかけ、一言二言のやりとりをおこなう。

「えーと。モスクに行くといいです。日本語ができる人がいます」

「さっき行ったら誰もいないみたいでしたよ」

「誰もいないみたいでも、なかに入ればいいです。先生がいますから」

そういうものなのか。

ひとまずベンガル君に礼を言って、来た道を戻った。

境町モスクは駅の反対側、日光例幣使街道に近い住宅街のなかにある。


――モスクの前に戻ったとき、時刻は午後一時前になっていた。

さきほど建物の前を通ったときは人気《ひとけ》がなかったのに、いまはなぜか玄関前に十数人分の靴が散らばっていた。後で知ったことだが、この時間帯はちょうどムスリムの義務である一日五回の礼拝《サラート》の二回目「ズフル」に相当しており、人がモスクに集まるタイミングだった。

モスクには白いシャルワール姿の男や子どもたちが盛んに出入りしている。日本国内の別の場所ではなかなか見ない格好だが、境町の町内ではごく普通のユニフォームだ。

ある男性に声をかけてみると、彼の息子らしき少年がかわりに流暢《りゅうちょう》な日本語で応対してくれた。ただ、彼は先程のベンガル君と違って瘦《や》せ型の体型で、やや縮れた栗色の髪と尖《とが》った顎《あご》が印象的だ。濃いまつ毛と切れ長の目が、宝塚《たからづか》の男役や池田理代子の少女漫画の登場人物を連想させた。

「えーっと。いまは礼拝の人が多いですから、モスクの正面から入らないほうがいいですね。裏口に案内しますから僕についてきてください」

「わかりました。できれば日本語で話を聞きたいんですが」

「大丈夫ですよ。先生は日本語が上手なんです」

歩きながら話を聞くと、少年はアフガニスタン人だった。現在は一二歳だという。生《なま》のアフガニスタン人を見たのははじめてだが、そういえば一昔前に彼と似た顔立ちの少年少女をテレビでよく目にしたのを思い出した。

カブール、カンダハル、マザリシャリフ、バーミヤン――。二〇〇一年九月一一日に起きたアメリカ同時多発テロの復讐《ふくしゅう》に燃える米軍と、テロの首謀者と目されたオサマ・ビンラディンをかくまうタリバンとの泥沼の戦いを伝えるニュースのなかで、遠いアフガニスタンの地名がしばしば報じられた時代があったのである。

もっとも目の前のアフガン君は、あの戦争がはじまったときには生まれてもいない。往年のビンラディンやタリバンのオマル師の記憶もほとんどないはずである。

「こっちです」

日本の小学生そのままの彼の声が、私の想像に水を差した。

アフガン君に連れられて裏口からモスクに入ると、なんとさっき駅前で会ったベンガル君が父親と一緒に祈りを捧《ささ》げていた。狭いご近所のコミュニティのようだ。

モスクの内部は広く、一階だけでも一〇〇平米以上はありそうに思えた。床には中東風のデザインの赤い絨毯《じゅうたん》が敷かれ、一〇人ほどの男性が祈っている。彼らの視線の先にあるのはミフラーブと呼ばれる壁のへこみだ。メッカのカアバ神殿の方角を示している。

「こんにちは。わたし、モスクの先生です」

アフガン君の紹介で、細身の外国人男性と会うことができた。やはり真っ白なシャルワール姿で、礼拝帽をかぶり黒い顎髭をたくわえた、物腰の穏やかそうな人物だ。

「いま、まだ礼拝している人いますから。終わったらおはなし、しましょう」

彼はジャービル、三五歳。この境町モスクに専従するイマーム（イスラム共同体の指導者）のようだ。バングラデシュ人で、故郷は首都のダッカよりもずっと東の街らしい。

アフガニスタン人の子どもが集まる

「モスクのコロナたいさくは、カーペットの消毒と、くうきせいじょうき《空気清浄機》と、まどをあけるのと……。三月くらいから、やってます」

信者たちが帰ってから、ジャービルに来訪意図を告げると親切に教えてくれた。

彼は来日して一〇年目だ。海外の宗教団体の宣教師などに発給される宗教ビザで日本に滞在しており、日本語は非常に上手《うま》い。敬語や助詞の使い方がしっかりしているので、かなり真面目に学習をおこなったのだろう。

取材に先立って電話で事情を聞いた、東京都豊島《としま》区の大塚《おおつか》にあるモスク（マスジド大塚）は、コロナ流行の緊急事態宣言を受けて施設を完全にクローズしていた。だが、感染者数が比較的すくない群馬県の境町モスクは、コロナ対策をとりながら施設を開き続ける方針のようだった。

モスクの内外に貼られていたコロナ対策を呼びかけるポスターは、なんとジャービルの自作らしい。日本語部分はネイティブに校正してもらったようで、手洗い、マスク着用、換気の徹底、人の密集を避ける……と、伝える情報には過不足がない。ポスター中には「清めはイーマーン（信仰）の半分です」と預言者ムハンマドの言葉が引用され、感染症対策にも教義的な裏付けがなされていた。

いっぽう、モスクの出入り口に置かれていた消毒液は次亜塩素酸水だった。通常、感染症対策の意識が高い施設では次亜塩素酸水よりも消毒用アルコールが使われることが多いはずだ。その疑問をぶつけるとジャービルは言う。

「あれですね。モスクはいろんな国のひとがくるので、アルコールをいやがるひともいます。わたしは、ＯＫとおもいますが。ねんのため」

この年の三月には、マレーシアやインドネシアで、イスラム教徒の消毒用アルコールの使用は問題がないとする宗教的アピールが続けざまに出されている。同じくジャービルも、消毒に使うぶんには問題ないと考えているようだが、イスラム教は酒をタブー視するため、より厳格な信者にも配慮した対策を取らざるを得ない。

取材の前後にスマホで調べたところでは、境町モスクは、一九世紀末に英領インド北部で興ったスンナ派のイスラム主義の流派であるデオバンド派の流れをくむ宣教運動団体、タブリーギー・ジャマーアト（タブリーグ）の影響が強い施設だ。イスラム主義とは、平易に説明すると、近代西洋型の社会よりもイスラムの伝統に根ざした社会の実現を目指していく考え方のことである（「イスラム原理主義」とも呼ばれる）。

タブリーグは、一般の日本人のような異教徒に対して積極的な伝道を行う考えはあまりなく、すでにムスリムである人の宗教的自覚を強めることを主目的に活動している。教えに対する姿勢はもとより厳格志向だ。

「お祈りにくるひと、ふだんは二〇人ぐらいですけど。いまは、一〇人とか、一五人にへってます。いろんな国のひとがきます。日本人もいますけど、外国人はパキスタン、バングラデシュ、インド、マレーシア、インドネシア、アフガニスタンとか」

「近くに教育機関もありますね」

「はい。モスクの学校ですね。わたしは境町モスクのイマームで、モスクの学校の先生です」

境町モスクが成立したのは一九九七年だ。なんと、もとはパチンコ屋だった建物を居抜きで改装したらしい。賭博《とばく》を禁じるイスラム教の礼拝施設が、かつては世俗的な欲望の場だったのはちょっとおもしろい。

日本では戦前、対外進出にあたっての政策的な理由からイスラム教への関心が高まり、神戸《こうべ》と東京にモスクができたが、戦後は一九八〇年代まで広がりは限定的だった。だが、バブル期に中東や東南アジア出身の外国人労働者が増えはじめ、さらにバブル崩壊によって土地取得が容易になったことや、中古車販売などで財をなしたムスリムが多額の寄付をおこなったことで、全国の工場地帯や港湾、大学の付近などにモスク建設ラッシュが起きた。一九八七年にパキスタンとカナダからタブリーグの関係者が来日したことも、在日外国人ムスリムたちのモスク建設熱に火をつけた。

二〇一八年末の時点で、日本国内のモスク数は三六都道府県で一〇五か所だ。そのなかで境町モスクは九番目（バブル期以降では五番目）に開設されており、日本ではかなり早期に造られたモスクである。

ジャービルによれば、境町モスクの数軒隣に「ダールッサラーム学院」ができたのは十数年前のことだという。イスラム世界の教育機関はマドラサと呼ばれ、ダールッサラーム学院もそのひとつである。

「アラビア語、コーランの読み方、ハディースの読み方、イスラム教徒としての道徳とかマナー、教えています」

付近にあるマドラサの建物を観察すると、外見はどこにでもある日本の一般家屋だった。「ダールッサラーム学院」の小さな看板と、母親への親孝行を呼びかける『ハディース』（預言者ムハンマドの言行録）の一節が壁に貼られていなければ、これがイスラム教の宗教教育施設だとはまず気付かない。

「このへんにすむムスリムの子はみんなかよっています。ぜんぶで六〇人くらい。アフガニスタンが多くて、あとはパキスタンとかインドネシア。日本人の子どもも、数人います」

さっきのアフガン君もマドラサの生徒の一人だったのだろう。二〇一九年時点で、日本国内で暮らすアフガニスタン人は約三三〇〇人とされるが、その一部は伊勢崎市に集まり、子弟がマドラサでムスリムとしての教育を受けている。

都内のムスリム三〇人がコロナ感染

「モスクに来る人たちから、コロナ流行の経済的影響は聞いていますか？」
「きいています。でも境町のちかくは、（就労が目的の）留学生すくないです。会社ではたらくひとが、おおいですね」

境町地区と隣接する太田市はスバルの企業城下町だ。ほかにも日野自動車や三菱電機、サッポロビールなど大手メーカー各社が工場を構えている。その隣の大泉町にもパナソニックの工場がある。

境町モスクにやってくるムスリムには、こうした各企業やその下請けの工場に勤務する外国人労働者が少なくない。家庭を築いている人が多いことからもわかるように、彼らの多くは技能実習生や留学生ではなく、いわゆる技人国（技術・人文知識・国際業務。第七章で詳述）の就労ビザを取得していたり、日本人と結婚して配偶者ビザを得ていたりと、なんらかの方法で日本での長期在住を可能にした人たちだ。

もっとも、滞在資格の面では安定していたとしても、就業環境が不安定な人は大勢いる。工場で働く派遣労働者もいるからだ。

「コロナで会社つぶれたはなしは、まだ、きいていないですね。一～二ヶ月、ずっと仕事なくなって、ヒマになるひと。こういうひとは、います」

まず残業がカットされ、勤務日が週三回くらいに減らされ、解雇され……というのがお決まりのパターンだ。大不況は弱者に対してより大きなしわ寄せを及ぼす。

コロナ流行にともなう経済危機は、自粛ムードが強かった都心部ほど深刻で、二〇二〇年五月までに八〇人以上の外国人ムスリムが群馬県南部へと移ってきた。日本国内のムスリムの総数は一〇万人程度とみられているが、ジャービルによれば群馬県内には一万人ほどが集まり、住んでいる。境町・伊勢崎・太田・桐生《きりゅう》・前橋《まえばし》など、県内各地のモスクやムサッラー（簡易礼拝所）は少なくとも一一か所ある。都内を脱出した外国人ムスリムたちは、同胞が多い場所ならばなんとかなると考えたのだろう。

いっぽう、都心に残った人たちはリスクの高い場所で働かざるを得なかった。

「東京では三〇人くらい、ムスリムのコロナかんせんしゃ《感染者》、でましたとききました。留学生おおい。バングラデシュ人おおいとききました。彼らはひとつのへやで三〜四人、みんないっしょにくらしますから」

在日バングラデシュ人は総数こそ約一・六万人とあまり多くないが、東京都に約四七〇〇人が集中している。特に都内北部ではコンビニやファストフード店の店員としてしばしば姿を見るため、彼らは統計上の数字以上に存在感がある。

従来、日本政府は単純労働を目的とした外国人の入国を近年までほとんど認めてこなかったため、就労を望む外国人の多くは技能実習生か留学生として来日している。農業・工業の生産現場では技能実習生が多いのに対して、都市部のサービス業で多く見られるのが偽装留学生の労働者だ。

彼らは勤務時間が不規則であるため免疫力が下がりやすく、経済的理由から数人で集まって住むケースが多い。「はじめに」で紹介したベトナム人の不法滞在者たちと同じく、感染症が蔓延《まんえん》しやすい環境である。しかも、ベトナム人と比較しても、宗教的理由から礼拝のために人が集まる機会が多い。

ちなみにジャービルの情報の出所は、日本国内のモスクのイマームたちで作るWhatsApp《ワッツアップ》(メッセージアプリ)のグループだ。日本で活動するイマームには南アジア系の人も多いため、バングラデシュ人留学生の間での感染蔓延は大きな関心事になっている。

「コロナのパンデミック、はじまってから、日本のあちこちのモスクの関係のひと、一八〇人くらいとスマホでミーティングしています。ことばは英語、つかうことが多いです。ラマダン明けの集団礼拝、どうする、かくちのじちたい《自治体》の指示に、したがおう。そういうはなしの、シェアです」

日本のムスリム社会には、たとえば伝統仏教の各宗派が組織する全日本仏教会やプロテスタント各派による日本キリスト教協議会のような合同組織は存在しない。そして、境町モスクはタブリーグ系、都内のマスジド大塚はジャパン・イスラミック・トラスト系、さらに千葉県の行徳《ぎょうとく》モスクなどは在日パキスタン人が作ったイスラミック・サークル・オブ・ジャパン系……と、日本国内のモスクの母体になっている団体はさまざまである。だが、コロナ問題についてはかなり幅広く、派閥を問わない情報共有をおこなっているらしい。

「もともと、みんなイスラムのおしえは、おなじです。すべてのことは、おなじですね。ただ、やりかたがちょっと、ちがうだけですから」

疫病と難民

コロナ問題は別のモスクでも深刻だった。

伊勢崎市と同じく東武線沿いにある人口約七・五万人の館林市は、市内にクバモスク（マスジド・クバ）とマスジド・サラーマトというモスクをふたつも抱える、知られざるイスラムシティだ。クバモスクは二〇〇三年、パキスタン人を中心に建てられ、マスジド・サラーマトは二〇〇七年にミャンマーの少数民族ロヒンギャの難民によって建てられた。

マスジド・サラーマトは境町モスクと同じくタブリーグ系で、イマームはジャービルの友人だった。私は境町を取材した翌日、ジャービルから連絡先を教えてもらったこのモスクを訪ねることにした。

「よく手を洗うように。マスクをするように。礼拝用の絨毯は各自で持ってくるように。日本の行政の指示に従うように――」

五月二二日の午後、マスジド・サラーマトに行ってみると、入り口に大量の靴が散らばっていた。二階からは日本語と、私には聞き取れない外国語で声が響いている。ちょうどコロナ対策を指示しているところらしい。

マスジド・サラーマトは館林駅から徒歩一五分ほどの距離にあり、二階建ての一般家屋を改造したようだった。隣の家は空き家である。境町モスクの近隣と同じく、壊死しはじめた地方の住宅街が徐々に外国人タウンに変わりはじめているのだろう。

この日はムスリム男性の義務とされる集団礼拝の日（金曜日）だったこともあって、モスクは一階も二階も白いシャルワール姿の男たちであふれていた。足を踏み入れてみると、境町モスクと違ってビルマ文字の表記が非常に多く、来訪者たちの文化圏が違うのがわかる。

マスジド・サラーマトのイマームはヤースィルという名前の、ふくよかな体型のスリランカ人だった。宗教ビザで来日して七年目らしいが、境町のジャービルと比べると日本語がやや心もとない。私がロヒンギャから直接話を聞いてみたかったこともあり、間もなくモスク内にいた浅黒い肌の大柄な壮年男性にバトンタッチした。

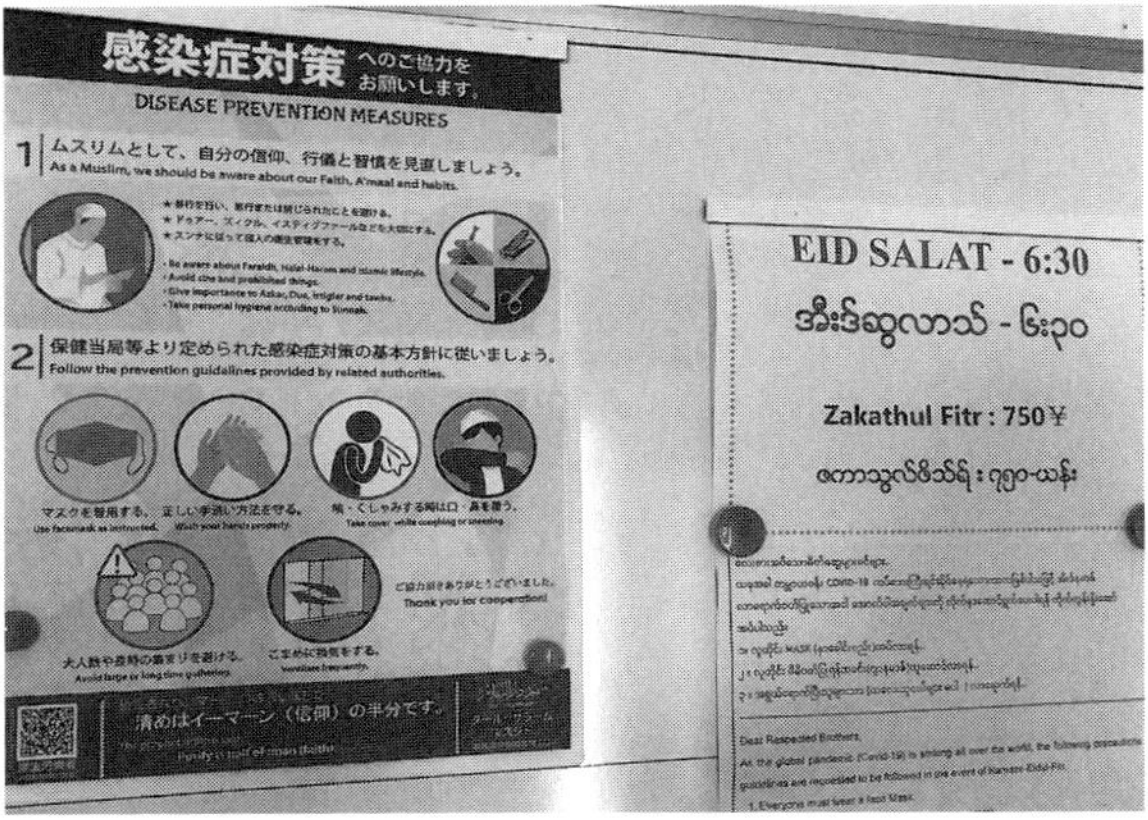

マスジド・サラーマト内部の貼り紙。右の掲示のように、こちらではビルマ文字の表記も多い

彼はアウンティン、ミャンマー西部ラカイン州生まれの五二歳である。日本で長年暮らすロヒンギャのリーダーで、在日ビルマ・ロヒンギャ協会の副会長（元会長）だ。スリランカ人のヤースィルとウルドゥー語で会話していたのをみると、少なくともロヒンギャ語とビルマ語とウルドゥー語と日本語の四つの言葉を話せるらしい。さっきまで二階でコロナ感染の防止を呼びかけていたのも彼であり、モスク内でも一目置かれる存在のようだ。

ひとまず、日本で暮らすロヒンギャたちのコロナ関連事情を尋ねてみる。

「館林の近くにいるロヒンギャの九割は、工場で働いてます。コロナの影響でクビになり、仕事ない人がいます。でも、会社からちょっとは補償が出ますね。ロヒンギャの残り一割は経営者です。日本の中古の自動車とか家電を、タイとかミャンマーとか、アフリカとかバングラデシュに売る。彼らのほうがコロナで大変です。国際物流がコロナで混乱して、仕事できないですから」

イスラム教徒であるロヒンギャはミャンマー西部の少数民族で、ミャンマー国内で厳しい迫害を受けて難民化している。ミャンマー政府は彼らを、一九世紀以降に英領インド東部(現在はバングラデシュ)からやってきた「ベンガル人」の不法移民だと主張し、自国民であることすら否定してその権利を制限してきた。近年はミャンマー政府や軍だけではなく、ミャンマーの仏教ナショナリストからも排除の対象として強い圧力をかけられている。

こうした事情ゆえに、ロヒンギャは海外に逃げざるを得ない。かつては隣国バングラデシュに脱出する例が多かったが、陸路国境の警備が強化された一九九〇年代からは、マレーシアやインドネシアを目指して海上に逃げ出すことが多くなった。

もともとミャンマー国内で民主化運動を支持していたアウンティンは、一九九〇年に自国を追われ、一九九二年に難民として日本にたどり着き、そのまま定住した。彼や仲間がたまたま館林に住んだことで、同胞のつてをたどったロヒンギャたちが集まり、いまや約三〇〇人の在日ロヒンギャのうち約二六〇人が館林市内で暮らすようになったという。

「多いのは、二〇〇五~〇六年ごろにマレーシアに脱出してから、日本に来た仲間です。日本のロヒンギャはこれまでに一五人難民認定されて、あとは在留特別許可とか永住者とか。こういう仲間は、もちろんコロナでいま生活は大変ですけど、ちゃんと働ける人たちですから大丈夫。いちばんまずいのは、仮放免です」

難民は自国の大使館の庇護《ひご》を受けられない。しかし、日本政府は難民認定に非常に消極的だ。なので偽造パスポートなどを使って日本に逃げ込んだ難民たちの一部は、不法滞在化せざるを得ない。

彼らはいったん、非人道的な入所者対応がなされているとして悪名高い茨城県牛久《うしく》市の入管センターなどの施設に収容される。ただし入管側も、国際社会で問題が認知されているロヒンギャの不法滞在者については、現在は人道上の配慮から全員を仮放免扱いとしている。

もっとも、収容を免れることで別の問題も生じる。仮放免者は就労が許可されておらず収入の途がないため、文字通りに「食うあてが何もない」からだ。ゆえに仮放免者のロヒンギャが生きていくには、家族などの収入に頼るしかないが、現在はコロナ流行による経済困難がのしかかっている。

仮放免者の外国人は生活保護法の準用対象にならないため、永住者や難民認定者と違って生活保護の受給もできない。もちろん国民健康保険にも加入できない。当然、日本政府がこの年の春、コロナ不況に対する生活困窮対策として支給を決めた一〇万円の特別定額給付金ももらえない。

「それどころか、他県への移動もダメなんです。これ、取材を受けるたびに言ってますが、なんとかしてあげてほしい。彼らは働く能力あるんですが、いまのままだと、生きていくのも難しい状況です」

信仰による「密」がパンデミックを招く?

ところで、ロヒンギャ取材で私が気にかかったのは、金曜日のマスジド・サラーマトの混雑ぶりだった。もちろん窓を開けて換気がなされ、礼拝参加者たちも各自マスクを着用しているのだが、目算で四〇~五〇人の男たちが、モスクのなかにぎっしりと集まっていたのだ。

また、この年は五月二四日がラマダン明けを祝う祭日「イード・アル＝フィトル(イード)」にあたっていたため、モスク内にはイードの実施を予告するビルマ語と英語の貼り紙も出ていた。

イードは、大勢でモスクに集まり礼拝をおこない、さらに家庭では仲間や親族で集まって会食する大祭だ。私が調べた限り、都内のマスジド大塚や京都府内の京都モスクは、説法のリモート化や在宅でのイード実施を呼びかけていたが、館林のマスジド・サラーマトは予定通りに集団礼拝をおこなうつもりらしい。

「群馬県に緊急事態宣言が出ていた（五月一四日まで）ときは、モスクに入る人の数を一〇人以下にしていました。いまはもう緊急事態宣言が終わりましたが、まだまだ安心できないですし気をつけています。一人でも感染者が出たら、モスクのイメージも、悪くなる。みんなに呼びかけてます」

アウンティンはそう話している。モスクのなかには境町のジャービルが作った感染予防ポスターも貼られていた。

とはいえ、狭いモスク内に男たちが集まる様子は、新型感染症のパンデミック下ではかなり危なっかしい光景だ。この当時は新型コロナ流行の第一波の渦中にあたっており、同時期の日本社会の感染症対策の規範に照らせば、リスクが大きいとみなされる行動だと思えた。

コロナ流行以降、各国では不要不急の外出や集会の自粛が呼びかけられた。

だが、「不要不急」の定義は人によって変わる。

特に違いが顕著にあらわれるのは宗教が関係した場合である。敬虔《けいけん》な信仰を持つ人たちにとって、寺や教会やモスクに集って祈る行為は「要」かつ「急」の用事だからだ。

事実、二〇二〇年二月に韓国で起きた新型コロナウイルスのアウトブレイクは、キリスト教系の新宗教・新天地教会の集会を通じて広がった。また同年三月以降にイランやイタリアで起きた感染爆発も、これらの国の人たちのモスクや教会への礼拝の習慣が大きく関係したとみられている。

いや、それどころではない。実は境町や館林のモスクに影響を持つタブリーグの活動は、コロナ・パンデミックが発生した初期段階で、一部の国で感染クラスターを生む直接の原因を作ってしまっている。

たとえば二月二七日から三月一日にかけて、マレーシアの首都クアラルンプールでタブリーグが実施した一万六〇〇〇人規模の集団礼拝では、モスクのなかで四日間にわたり寝食をともにした信者たちの間で集団感染が発生。三月二三日時点までに九〇〇人以上の感染が確認され、一時はマレーシア国内のコロナ感染者の六割をタブリーグの集会参加者が占める事態になった。

また、三月上旬にインドのニューデリーやパキスタンのラホールで開かれたタブリーグの大規模集会も、南アジアにおける最初の感染拡大のきっかけを作っている。

もちろん、これらには弁護の余地もある。タブリーグが大規模集会を開いていた二〇二〇年三月の時点では、中華圏を除く世界各国のコロナ流行への警戒度はまだ低かった。

また、境町モスクのイマームであるジャービルは、タブリーグが各国で感染爆発を起こしたことでコロナ対策を講じたのではなく、それ以前の二月ごろから独自の判断で備えをはじめていたらしい。マレーシアやインドでの感染爆発は宗教的な理由だけに限らず、先進国社会とそうではない社会との情報格差や健康意識の格差によってもたらされた部分もあるだろう。

とはいえ、各国で発生した大規模な感染クラスターが、ムスリムたちの熱心な信仰心によって生じたものであることも確かだ。

日本の社会における外国人住民の増加という現象は、一般的な日本人よりもはるかに明確な宗教意識を持つ集団を受け入れること──。ゆえに、彼らがその文化や価値観ゆえに有するリスクを受け入れることも意味している。

タリバンを生んだ流派

ところで、タブリーグ系のモスクは二〇二〇年時点で日本国内に一六か所ほどある。在日ムスリム社会についての研究書『国境を越える　滞日ムスリム移民の社会学』（青弓社）によると、なかでも活動が活発なのは、日本で最初に民間の外国人ムスリム主導で作られた埼玉県の一ノ割《いちのわり》モスクのほか、東京都のお花茶屋《はなぢゃや》モスク、神奈川県の海老名《えびな》モスク、千葉県の日向《ひゅうが》モスク、愛知県の新安城《しんあんじょう》モスク、そして群馬県の境町モスクの六か所だ。

いっぽう、タブリーグや彼らを生んだデオバンド派については、調べてみると剣呑《けんのん》な情報にも行き当たる。たとえば独立行政法人国際協力機構のホームページ上に掲載された「池上《いけがみ》彰《あきら》が明かす！　イスラムビジネス入門　パキスタン編―教育編」の記述を紹介しよう（太字筆者）。

組織としての「タリバン」は、パキスタンで生まれました。

１９８０年代、かつてのソ連がアフガニスタンを侵攻した際、多くの難民が発生し、隣国パキスタンに逃げ込みました。

難民の男の子たちは、**極端なイスラム原理主義を信奉するデオバンド派**が設立したマドラサ＝イスラム神学校で学び、原理主義思想に染まっていきます。

ソ連が撤退した後、アフガニスタン国内が内戦状態となると、パキスタン軍は、これらの学生に武器を与え、アフガニスタンに送り込みます。

アフガニスタンに自国の政権を作りたかったからです。

中心となったのが、ムハンマド・オマル師。

オマル師は90年代半ば、アフガニスタンにタリバン政権を打ち立てます。

デオバンド派は危険かつ極端なイスラム原理主義を掲げており、アフガニスタンのタリバンのルーツであるという説明だ。またタブリーグについても、国際テロリズムの解説記事などで、同様の過激思想の宣伝組織であると説明されることがある。

確かにデオバンド派は、女性の社会的役割を限定するなど、非常に復古主義的で厳格なイスラム法解釈をおこなう流派として知られている（いわゆる「イスラム原理主義」である）。

一九八〇年代、彼らの宗教組織はアフガニスタン紛争から脱出した難民たちを吸収した。その子弟の一部は、ムハンマド・オマル師がパキスタンとアフガニスタンの国境で開いていたマドラサで教育を受けるようになった。

この神学生たちのグループが、やがて武装勢力タリバンに成長した。タリバンは一九九六年ごろまでにアフガニスタンの大半を実効支配し、バーミヤンの石仏を爆破したりオサマ・ビンラディンのアルカイダ勢力をかくまったりした。また、女性の就業や教育を禁止し、偶像崇拝にあたるとして映画やドラマの放映や人物を対象にした写真撮影を禁じるなど、厳格なイスラム法解釈を国民に強制した。

タリバンは米軍の攻撃を受けて支配地域を縮小させたが、現在も組織が存在している（二〇二一年八月、米軍撤退と共にタリバンが首都カブールを制圧し、以後、政権を握っている）。二〇一四年にノーベル平和賞を受賞したパキスタン人少女のマララ・ユスフザイを銃撃したのも、タリバンの影響を受けたパキスタン・タリバン運動という武装組織だった。
在日外国人の増加がいちじるしい群馬県をはじめとした日本の各地には、このようなタリバンの母体にもなったデオバンド派の影響が強い信仰施設が複数存在しており、さらに数を増やしつつある。

――とはいえ、タリバンはともかくデオバンド派全体を危ない存在だと言い切るのは、性急な解釈でもある。

歴史的に見れば、デオバンド派は現実の政治から距離を置く傾向が強く、思想（イスラム原理主義）の実践においても平和的な方法をとる考えが主流だからだ。そもそも、信仰が生まれた当初の形に立ち返ろうとする宗教改革運動は、イスラム教に限らずキリスト教や仏教でもしばしば見られる。こうした「原理主義」こそが、古い革袋に新しい酒を注ぐ形で、伝統的な宗教をリフレッシュさせて教えを生き残らせる原動力になってきたと言っていい。

そもそもデオバンド派は、全世界のムスリム人口の約三割が暮らすパキスタンやインド、バングラデシュなどの南アジア諸国で最大の影響力を持つメジャーな流派だ。同派の教義解釈にもとづいて宣教活動をおこなうタブリーグも、数千万〜数億人（諸説ある）の信者数を擁し、南アジアを中心に一五〇カ国以上に展開している世界最大級の宗教団体である。

デオバンド派やタブリーグが危険思想の母体だというより、彼らの規模が大きすぎるので危ない考えを持つ人も含まれてしまう、と考えたほうがより自然だろう。

事実、若手のカシミール研究者の拓徹《たくとおる》が二〇一八年に発表した「『デーオバンド派』とは何か」（『アジア平和構築イニシアティブ』）などのアカデミックな視点で書かれた記事や論文では、タリバンが生まれた原因はデオバンド派の教義やマドラサの教育より、二〇世紀後半以降のパキスタンやアフガニスタンが置かれた政治状況によるところが大きかったと説明されている。

ちなみに、タリバンと並ぶ国際テロリズム集団として知られるＩＳ（イスラム国）は、デオバンド派とは関係が薄い。北インド発祥のデオバンド派は、イスラム教の「本場」であるアラブ圏やトルコ圏ではあまり受け入れられず、ＩＳとは根本的に反りが合わないからだ。過去にはアフガニスタンを舞台に、タリバン系とＩＳ系のグループが武力衝突した例すらある。

「ＩＳはイスラムじゃないです。まったくイスラムと関係ないです。タリバンは……。いろんな意見がありますが、わからない。デオバンドのおしえと、関係ない」

境町モスクのジャービルに意見を聞いてみると、さすがに色をなしてそう答えた。

彼の口調からは、ＩＳと比べればタリバンに対しては多少の配慮がありそうにも感じられた。ただ、いずれにせよ日本国内のタブリーグ系のモスクと、国際テロリズムとの組織的な関係は、おそらくそれほど深くない。

「NIMBY施設」としてのモスク

ただ、たとえ過激派と無関係だとしても、圧倒的多数の国民がイスラム教にまったく馴染みがない日本において、モスクが住民の理解を得にくい施設なのは間違いない。

二〇一二年に福岡市東区で実施されたイスラム教の印象を尋ねたアンケートでは、イスラム教を「過激な宗教」であると考える人が六三%、「恐い」と考える人が四九%にのぼった（早稲田大学人間科学学術院アジア社会論研究室「外国人住民との共生に関する意識調査」）。仏教やキリスト教と比べて、イスラム教は日本において明らかに印象が悪い。

そのため、今世紀に入り日本国内でモスク建設が増えるなかで、二〇〇四年の岡山市、二〇〇五年の福岡市、二〇一一年の金沢《かなざわ》市、二〇一四年の富山市など、各地で地域住民による反対運動も起きている。

多くの場合は最終的に理解が得られ、また岡山市と富山市の例では別の場所にモスクを建てることで一件落着したようだが、心理的な摩擦は否定できない。『日本のモスク』にはこんな一節もある。

しかし、地域社会に対してモスク開設計画を公表すること自体が反対運動を招来しているところがあることも事実である。「迷惑施設」でもなく、また直接利害関係があるわけでもないし、ムスリムにとって必要な宗教施設であることがたとえ理解できるにしても「来てほしくない」、いわゆるＮＩＭＢＹ（Not In My Back Yard ＝自分の裏庭につくられるのはごめんだ）に相当する施設として拒否反応がみられる。

（店田《たなだ》廣文《ひろふみ》『日本のモスク　滞日ムスリムの社会的活動』山川出版社）

また、実態はさておきイスラム教とテロリズムを大雑把に結びつける考え方は、日本では一般庶民の間だけの偏見どころか、警察や公安調査庁などの治安維持機関のなかでもかなり広く共有されている。

二〇〇一年のアメリカ同時多発テロの発生後、警察庁作成の『警察白書』には、「イスラム過激派」が「日本のムスリムコミュニティ」を活動の拠点とする可能性が明記された。これはつまり、左右の過激派団体やオウム真理教（現 Aleph）のようなカルト宗教の拠点と同様に、モスクが公安警察による監視対象とされたことを意味している。

事実、二〇一〇年に国際テロリズム関連の捜査資料が流出した際には、日本の警察が在日ムスリムを捜査対象にして個人情報を幅広く収集し、特定のモスクへの人の出入りをチェックしていたことが明らかになった。実際に複数のモスク関係者に尋ねてみても、集団礼拝のときなどに捜査官の訪問を受けることは決して珍しくないようだ。

——感染症対策の配慮は可能な限りおこなわれているものの、宗教的信念から集団礼拝は避けられない。アフガニスタンやミャンマーなどの複雑な事情を抱える国の政治問題との接点も避けられない。そして、タリバンをはじめとした海外の過激派勢力と関係がある（という誤解がある）ために当局の監視を受けることも避けられない。

率直に書けば、日本におけるムスリムとモスクはこれらの懸念点を常に抱えている。加えて地域住民が抱くうっすらした不安感が、モスク建設の反対運動として表出しているのだろう。

「おおきなイベントあるときは、きんじょにまえからおしらせ。おかし、くばるですとか、してますね」

ジャービルは話す。境町モスクと近隣の日本人住民との関係はあまり親密とはいえないが、かといって険悪でもないという。もともとタブリーグは異教徒に対する伝道よりもムスリムに対する回心を促していく宣教活動なので、近隣地域の日本人に対する関心は良くも悪くも薄いのだ。

とはいえ、境町は現在でこそさびれていても、長い歴史を誇る宿場町だ。歩いてみると旧家と思える家も少なくない。かつてはこの境宿に置かれた織間《おりま》本陣に、小林一茶《こばやしいっさ》が立ち寄ったという由緒を持つ土地でもある。

もちろん、集落は空き家だらけで街が壊死しかけていた、加えてモスクが居抜きで入ったのは、もともと迷惑施設であったパチンコ屋の建物だった——、という事情はある。

しかし、古くからの住民は、故郷にアラビア語やベンガル語の看板が躍り、シャルワール姿の男たちが往来することに、本当はどんな思いを持っているのだろうか。人の出入りが激しい都会ならともかく、ここは田舎の古い宿場町なのだ。

私自身の故郷も中山道沿いの愛知川《えちがわ》宿に近く、大都市圏近郊の工業・農業地帯という点でも境町とやや似た環境だ。多文化共生の重要性は、頭ではよくわかっているつもりではあっても、自分が生まれ育った街が荒廃し、イスラムシティに変わっていったとすれば、私はそれを心の底から歓迎できるだろうか。

——時鳥《ほととぎす》　我身《わがみ》ばかりに　降る雨か

かつて境宿に立ち寄った一茶は、こんな一句を詠んでいる。私が街を歩きながら覚えたもやもやした感情と、なにやら符合しなくもない。

第二章

「兵士」たちの逃亡と犯罪

——主役は中国人からベトナム人へ

扉写真　伊勢崎市郊外のベトナム人向け食料品店

難民二世との再会

「過去に三〜四年間、お寺で一緒に獅子舞《ししまい》をやっていた相手が『逃亡者』だったんですよ」

二〇二〇年五月二四日。群馬県伊勢崎市内のファミリーレストランでジンジャエールを飲みながらチーが話した。

彼がいう「お寺」とは、埼玉県越谷《こしがや》市の外れにある在日ベトナム人の寺院のことだ。チーの両親が熱心な信徒で、親孝行なチー自身も学生時代からお寺を手伝ってきた。

ベトナムではテト（旧正月）や中秋節《ちゅうしゅうせつ》などの祭日のたびに、獅子舞によく似たムアランという催しがおこなわれる。越谷市のベトナム寺でそれを演じるのは、寺に通う在日ベトナム人の若い信徒たちだ。数年前まで、そこでチーと一緒に演舞をおこなっていた二〇代後半の男が、実は不法滞在者だったらしい。

男はもともとは職業技能の習得を名目として来日した外国人技能実習生で、実習先から逃亡して不法就労をおこなっていた。「はじめに」でも言及した、いわゆる「bộ đội《ボドイ》」（兵士）の一人である。だが、お尋ね者暮らしのなかでもベトナム人としての血が騒いだのか、彼はこっそり身元を隠してベトナム寺を手伝っていた。チーは話す。

「ベトナムの獅子舞は、足役の人の肩に胴体役が乗ってアクロバティックな動きをします。僕は小柄なので胴体役をやることが多くて、ずっと彼の肩に乗って演技をやっていたんですよ。後になって彼の身の上を知って、あー、僕が乗っていたのは逃亡者の肩だったのかと。だから何ってわけでもないんですけどね」

七年前、初めて会ったときの彼は一本気な高校生だったが、社会人一年目の現在は、真面目そうな言動のなかにどこかユーモアを漂わせるようになっている。

彼の父・ファンはベトナム南部の出身である。八歳のときにベトナム戦争が終わり、ベトナム共和国（南ベトナム）の首都サイゴンが陥落した。やがてファンは一九八〇年代前半に祖国をボートで脱出して南シナ海を漂い、紆余《うよ》曲折を経てから、インドシナ難民を受け入れていた当時の日本に定住した。そして異国で働きづめに働いて暮らしを安定させ、一九九三年に母国のベトナムから妻を呼び寄せて埼玉県内で家庭を築き、リサイクル事業を営む経営者になった。チーはその次男だった。

私が最初にチーと会ったのは二〇一三年の冬である。インドシナ難民に興味を持って埼玉県のベトナム寺院を訪ねた際、現地でたまたま知り合って取材したのだ。母親がかつてベトナム国内で教師だったこともあってか教育熱心な家庭環境で育っており、当時のチーは春日部共栄高校の特進クラスに通う一年生だった（『移民棄民遺民』（角川文庫。原題は『境界の民』）参照）。

父親は元ボートピープルなので無国籍者だが、母親はベトナム（ベトナム社会主義共和国）

籍なので、チー自身もベトナム籍となっている。ただし、高校進学後は、外部向けには漢字の日本人名を通名として名乗っている。

ベトナム人の顔立ちは日本人と比較的近い。しかもチーの場合は母語が日本語なので、おそらく事情を知らない人には、彼がインドシナ難民の二世だとは想像もつかないだろう。

だが、チーは成人した前後から、自分のなかのベトナムと意識的に向き合うようになった。

「以前は街でベトナム人なんてぜんぜん見なかったんですが、ここ数年は増えましたよね。それで最近、ベトナム人の友達が増えたんですよ。技能実習生とか、あとは逃亡者とか。僕はベトナム語は普通に話せますが、書き言葉が苦手なので、彼らとメッセンジャーで会話するのは勉強になっていいんです」

私はこのとき、新型コロナウイルス流行下の群馬県における外国人社会の事情を調べるべく、モスク巡りに続いてベトナム人社会の事情を知りたいと考えていた。

そこで久しぶりにチーと連絡を取ってみると、彼は大学卒業後に一般企業に就職し、伊勢崎市内にある社員寮で暮らしていることがわかった。取材のアテンドとベトナム語通訳で力を貸してくれないかと申し出たところ、快諾してくれたのである。

彼の場合、一般入試で国立大学の理系学部に合格する学力があり、日本語とベトナム語をともにネイティブに近いレベルで操れるので、日本政府が考えるところの「高度外国人材」

にかなり近い存在だと考えていい。

不法滞在者はシカが出る河川敷でナンパする

近年、日本に来る出稼ぎ外国人のメインは、中国人からベトナム人に置き換わった。外国人技能実習生の国籍別人数も、二〇一六年からベトナム人が中国人にかわって一位になった。留学生の数は中国人に次ぐ二位となっているが、ベトナム人の場合は最初から就業を目的として名目だけの留学生（偽装留学生）になるケースが非常に多い。

かつて日本でベトナム人が珍しかったころ、思春期だったチーは自分が何者なのか悩むことが多かった。だが、いまや都市部のコンビニやチェーン飲食店の従業員も、地方の工場や農家の労働者もベトナム人だらけの時代だ。チーは、自分の父親がかつて捨てた祖国から出稼ぎにきた同年代の若者と友達付き合いをするなかで、自分の立場を面白がれるようになってきた。

「日本語ができることで、よく頼られますよね。バイト先から課税証明をもらう方法とか、技能実習生ビザから特定技能ビザ（二〇一九年四月に新設された就労ビザ）に切り替える方法とか。いや、そんなの僕に問い合わせられても、わからないよって思うんですが」

苦笑するが、まんざらでもなさそうだ。

現在、彼が暮らす伊勢崎市郊外の某メーカーの社員寮は、なんと裏手に隣接する建物が、地元の大手スーパーの惣菜部門で働くベトナム人の技能実習生たちの寮である。関東平野の周縁部、上毛《じょうもう》の田畑に囲まれた集落は東武伊勢崎線の無人駅から徒歩二〇分もかかり、近所の川沿いの草叢《くさむら》にはシカが出る。華やかな新社会人生活のスタート地点としては物足りない場所のはずだが、隣の建物で暮らしている四〇人近いベトナム人たちのおかげで、チーの日常はまったく違うものになった。

「最初、隣のアパートの人がゴミの日以外にゴミを捨てていて、話しかけたらベトナム人だったんですよ。言葉をベトナム語に切り替えたら驚かれました」

そこから友達や知り合いの関係が広がった。

もともと、この一帯は隣の実習生寮に限らず、ベトナム人労働者が多く住んでいるようだった。チーの家から一キロほどの距離にはベトナム人向けの食料品店があり、フォーの材料やニョクマム、冷凍アヒルやザリガニが売られている。なんと、普通のスーパーやコンビニではなくベトナム食料品店のほうが自宅の最寄りの店舗である。

チーがこの土地の暮らしに慣れてくると、街でアパートの前を通り過ぎただけで、そこがベトナム人の技能実習生向けの寮かどうかを一目で見分けられるようになった。

「いくつかポイントがあるわけです。まず、建物の前に自転車が異常にたくさん停まっている。彼らのほぼ唯一の交通手段だからです。あと、雨の日でもベランダに洗濯物が出ている。これは、寮の部屋に数人が一緒に住んでいて、洗濯物を室内に干すと部屋が狭くなるからでしょう。そして建物に出入りする若者の服装は、揃ってジャージとフード付きのパーカーです。洗濯しやすいからですかね」

社員寮の裏手に流れる利根《とね》川の支流の対岸には、「警察はたぶん事情を知っているけれど、踏み込んでいない」というベトナム人不法滞在者たちが集団で暮らすアパートがある。さらに河川敷の一帯は、滞在資格の合法・非合法を問わず、この一帯で暮らしているベトナム人労働者の若い男女のたまり場だ。ただでさえ娯楽が少ないこの地域で、彼らの楽しみは川の流れを眺めながらの散歩と――。あとは、ナンパである。

「河川敷がベトナム人のナンパスポットなんです。逃亡者のほうが、自動車を（違法な手段で）所有していたりお金があったりするので、技能実習生の男性よりもモテやすい。いっぽうでナンパされるのは技能実習生の女の子です。実習生の妊娠も多いみたいですよ」

実際、技能実習生が妊娠を理由に強制的に帰国させられたり、それを嫌がってこっそり堕胎行為をおこなったり、といったニュースは、少し調べるだけで全国的に数多く見つかる。刺激が非常に少ない異国の片田舎で、経済的余裕がない若い男女が現地の人たちとほぼ隔絶して大勢住んでいれば、必然的に娯楽は限られるということだ。

ルームメイトは逃亡しました

チーの社宅の近所の公園で、彼の友達だという二三歳の女性技能実習生・ミンに出会った。ハノイの西隣にあるホワビン省の農家で生まれた彼女は二〇一七年八月に来日。高校を卒業してそのまま技能実習生になったためか、黒髪の真面目そうな雰囲気の女性である。

ミンが暮らしているのは、チーの社員寮の裏手にある、例の技能実習生寮だ。雇用先が地域の大手スーパーであるためか、彼女によれば住環境は比較的良好らしく、台所・風呂《ふろ》・洗濯機付きの二人部屋。新型コロナウイルス流行の影響で惣菜工場の生産数が三割ほど落ち、もともと月一三万円ほどの手取りが一一万円に減ったというが、非人道的な環境に置かれるケースも少なからずある技能実習生のなかでは、かなり恵まれた環境だ。

他のベトナム人技能実習生と同じく、出国前にはベトナム国内のブローカーと送り出し機関に約一〇〇万円を支払い、借金を抱えての来日だったが、すでに返済は済ませている。この年の夏に、三年間の実習期間を満了して帰国するか、新設された特定技能ビザを取得してさらに五年間日本にいるか、目下考え中だ。

「高校時代の友達は、ベトナムでせいぜい月収が四万～五万円くらい。もちろん物価の違いはあるけれど、やっぱり日本のほうが稼げる。私は現在の環境にかなり満足していますよ」

技能実習生を雇用する企業には、実は比較的まともな事業者も意外と多い。ただ、やりたい放題の悪質な事業者の振る舞いに歯止めをかけるシステムが弱いため、メディアの報道でお馴染《なじ》みの悲惨極まりない事例が発生することになっている。

だが、なかにはミンのように、少なくとも当事者レベルでは待遇に納得している例もある。さすがに、彼女のように比較的恵まれた環境で真面目に働いている人は、実習先から逃亡してボドイになろうとは思うまい――。

「いえ、私は逃げませんけど、寮のルームメイトは逃亡しました。二五歳くらいの、普通の明るくて元気な人。悪い人じゃなかったですよ。ほかにも一人、同僚が逃亡しています」

ルームメイトは、前日までは普段と何も変わらない様子で生活し、ミンと一緒に惣菜工場に出勤していた。思わず尋ねる。

「同じ部屋で毎日暮らしていて、逃亡の気配には気が付かなかったんですか？　ルームメイトなら『一緒に逃げよう』みたいな相談も受けそうですが」

「逃亡する人は、計画が他人にバレることを嫌がるんです。自分が逃げると決めたら、できるだけ普通に振る舞って、仕事の不満を周囲に漏らさなくなる」

そうして、ある日突然姿を消すのだ。

技能実習生の働き先としては比較的良好な環境であるように見えるミンの職場ですら、複数の逃亡者がいる。これは個々の職場の環境改善くらいで防げる問題ではなく、複雑な中間搾取構造と低賃金を前提にした、外国人技能実習制度自体に根本的な問題があるがゆえの現象だろう。さておきミンは言う。

「日本に、ベトナム人の友達が六〇～七〇人くらいいます。SNSでつながっている人です。実習先の社内だけじゃなく、出国する前に同じ送り出し機関で研修を受けた人とか、いろんな人がいますよ」

一昔前まで、技能実習生は逃亡を防止するために会社や監理団体（第三章参照）からパスポートを没収されたり、携帯電話の所有すら認められなかったりすることも多かった。だが、さすがに社会的批判を浴びたことで、現在はここまで非人道的な事例は少数になった。

しかし、抑圧を取り去れば当然、人間の思考や行動は自由になる。

携帯電話の所有が認められ、しかもスマホが低価格化した現在は、技能実習生たちがスマホとSNSによって非常に広範な横の繋《つな》がりを持つようになった。

そもそも、言葉が通じない異国の田舎街で、若い身空にもかかわらず職場と技能実習生寮を往復するだけの不毛な生活を余儀なくされているのだ。娯楽は散歩とナンパくらいで、ろくにお金もない。精神的にも物質的にも貧しい毎日のなかで、唯一のうるおいをもたらすものは手元のスマホだけだ。必然的にスマホの向こうに広がる社会との接点は増えていく。

自分が暮らす「グンマ」や「ナゴヤ」の地名を冠したボドイのコミュニティのなかでは、実習先からの逃亡をそそのかす人や、すでに逃亡して豊かで自由になったらしき生活をアップロードしてみせる人もいる。場合によっては、ベトナム国内で自分と同じ送り出し機関で研修を受けた友達が、すでに逃亡して自由で豊かな暮らしを実現したという知らせも入ってくる。

ボドイの世界の誘惑は、まじめに技能実習をおこなっているミンのような労働者にとっても、やはり身近なものなのだ。

コロナで困窮する逃亡者

ただ、そんなボドイの世界は二〇二〇年の春から大きく様変わりした。

理由は新型コロナウイルスの流行だ。

「コロナの影響は、一応は給料を払ってくれる職場がある技能実習生よりも、雇用が不安定な逃亡者のほうが深刻なんです。最近、ベトナムに帰りたがって入管に出頭する逃亡者も増えているんですよ」

ミンと別れてから、チーはそう説明した。

実例を知りたいと言うと、目の前で知人に電話を掛けてくれた。

取材に応じてくれたサオという三二歳のベトナム人はハノイ出身で、茨城県結城《ゆうき》市に潜伏中のボドイだった。チーが私の質問をベトナム語に翻訳し、サオの返事をまた日本語になおしてくれる形で話を聞いた。

「もともと、技能実習生として茨城県内の農家でレタスを作らされていた。月給は九万円だった。しかし、技能実習生は副業が禁止されている。これじゃあ出国前にベトナムで作った一〇〇万円近い借金を返済できるのはいつになるかわからないと思って、四年前に逃亡を選んだ」

電話の向こうのサオはそう言う。彼に限らず、農業系の事業者のもとで働く技能実習生は他業種と比較しても極端な低賃金に苦しむ例が多い。必然的に逃亡する人も出やすくなる。

「逃亡したあとは、結城市内の溶接工場に偽造の外国人登録証で雇ってもらえた。月収は一五万円になった。借金を返済した後もそのまま働いて、月に一〇万円を故郷の親に仕送りした。残り五万円で暮らすんだ。住居については、他のベトナム人の逃亡者と留学生、三人でシェアして安アパートに住んでいる。さいわい、コロナにはいままで誰も感染していないよ」

偽造の外国人登録証は中国人の技術者グループが作っている。二〇一九年ごろから偽造拠点の摘発がニュースになりはじめたが、ほとんどいたちごっこの世界である。

技能実習先を逃亡したりオーバーステイになったりしたベトナム人たちは、フェイスブックのボドイのコミュニティなどを通じて、こうした偽造書類を一枚一万〜数万円程度で購入する。人手不足に悩む工場や建設現場・農家などでは、たとえ偽造の登録証でもコピーさえ提出すれば雇ってもらえたのだ。事業主にしてみれば、いざ入管のガサ入れの際に「あいつが不法滞在者だとは知らなかった」と釈明できる形式さえ整っていればよく、雇う相手が本物の在留資格を持っているか否かはそこまで重要ではない——。少なくとも、そうやって割り切った考えを持つ日本人事業主が一部に存在する。

「お金を貯めて、ボドイのコミュニティから自動車を買った。自動車登録は別のベトナム人の名義になっている」

技能実習先から逃亡したベトナム人の不法滞在者たちが、日本での暮らしをそれなりにエンジョイしていることは「はじめに」でも書いた。事実、週末の小旅行や異性との交際についてまで雇用先や監理団体から口出しを受けかねなかった技能実習生時代とは違って、逃亡者になればどんな生活を送ろうと自由だ。

公共交通機関が使いにくい北関東の農村地帯では、自動車を持つことで生活の快適性や利便性が大幅に改善する。車両登録や免許取得といったグレー（多くは非合法）な問題を無視してしまえば、車を持てること自体が、逃亡行為の大きなメリットだった。しかも車があれ

BỘ ĐỘI GUNMA JAP...
日曜日 15:56 ·
Saken dài hạn cho ae bộ đội, 3sen.
Nhận hàng xong bank tiền.Ae liên hệ m nhé
兵士ブラザーズのための長期的なsaken, 3蓮.
商品を受け取った後, 銀行のお金. 私に連絡してください
· この翻訳の評価
自動車検査証の有効期間の満了する日
3年7月14日
3年10月30日
2
コメント9件
いいね！
シェア

ボドイ・グンマに掲載されていた、偽造車検証を販売する内容の投稿

ば、他の技能実習生や逃亡者を客にして白タク業をおこない小遣いを稼ぐことができるし、同胞の女性も引っ掛けやすくなる。

だが、ボドイとして生きることに慣れ、ある意味で「安定」した非合法生活を送っていたサオの毎日は二〇二〇年の春に突然暗転した。新型コロナウイルスの流行を受けて、同年の三月を境に仕事が完全にゼロになったのだ。当然、彼は不法就労者なので休業補償は得られない。

「生活ができないから、いまはすぐにでもベトナムに帰りたいんだ。それで、四月一〇日に入管に出頭したんだけれど、帰れないから困っている」

この時期、ベトナムはコロナ禍の締め出しにかなり成功しており、それゆえに水際対策が厳しかった。ベトナム大使館から帰国にあたっての証明書を発行してもらえなければ、たとえベトナム人でも入国を拒否されたのだ。だが、帰国の許可は基本的に高齢者や大使館関係者などが優先され、貧しくコネがない若者が多い元技能実習生の不法滞在者たちは後回しにされる（と、多くのボドイたちの間では信じられている）。そして、ベトナムに帰国できる日を待っている間は、安定した収入の途は望めない。

後日、二〇二〇年八月三日付けの『朝日新聞』によれば、コロナ禍の影響で帰国できなくなった技能実習生は、同年六月中旬からの累計でも約二万人にのぼったという。いっぽう厚労省は帰国困難になった技能実習生に対して、実習先とは別の企業での最大一年間の就労を認める「特定活動」ビザの発給を打ち出しており、一定の救済措置を示した。

だが、お尋ね者であるボドイたちに救済措置はない。技能実習先からの逃亡を選択した時点で、非常事態の場合に助けてもらえないことも覚悟するべきだったと言えばそれまでだが、現実問題として収入がゼロの状態に置かれた当事者が気の毒なのも確かであった（その後、サオは七月末にようやく帰国できた）。

ベトナム人労働者の困窮とウイルス感染の噂は、他の場所でも囁《ささや》かれていた。

「技能実習生の状況はまだマシとは言うけれど、ビルの清掃業務なんかは、仕事が激減して困っている人がいるよ。もちろん、コロナで職を失った逃亡者はもっと困ってる。いま彼らの間で流行《はや》っているのは、山でタケノコを掘ったり川でコイを捕まえたりすること。売ることができればお金になるし、売れなくても自分で食べられるから」

そう話すのは、二七歳のベトナム人女性のマイ（仮名、「はじめに」参照）だ。彼女はチーの社員寮の裏手の寮に住む技能実習生で、先に登場したミンと同じく地元スーパーの惣菜工場で実習中である。真面目なミンとは異なり、副業の禁止規定を破ってオンラインショップでひそかに商品を売って小遣い稼ぎをおこなっている。年齢がやや高く、性格的にもしたたかなタイプであるためか、マイはボドイの世界の事情もよく知っていた。

「そういえば、もともと伊勢崎周辺で暮らしていた逃亡者の一人が、この前にコロナの陽性がわかったんだよ。無免許で車を乗り回していて、自損事故を起こして逃げて――」

本書の「はじめに」で書いたように、玉村町で事故を起こしてから新型コロナウイルス感染が判明したベトナム人不法滞在者のフイは、マイの知人である。さきほど登場した不法滞在者のサオと似たような環境のなかで生きていたフイは、伊勢崎から隣県の本庄にかけてのボドイのコミュニティのなかで活発に動き回っている人物だった。

ボドイのコロナ感染問題については、在日ベトナム人の駆け込み寺として知られる都内の寺院・日新窟《にっしんくつ》の山内に事務局を置くNPO法人「日越ともいき支援会」からも似たような話を聞いている。五月上旬ごろ、埼玉県内で不法滞在者三人と留学生一人にコロナ感染が広がったことを連絡してきたベトナム人がいたそうなのだ。感染者とされた四人は埼玉県内在住で、警察や入管の目を逃れて同じ部屋で生活していたらしい。

他には技能実習生の話になるが、フェイスブック上の「ボドイ・グンマ」には、今年三月に東京都板橋《いたばし》区の食品加工工場に勤務する一九九四年生まれの男性が、咳《せき》と高熱・呼吸困難のためにコロナ感染検査を受けたとする投稿がみられる。

この男性と同じ寮に暮らす実習生は一八人いるとされた。「ボドイ」コミュニティに情報が流れた点を見ても、おそらく不法滞在者との接点がある人たちだろう。

日本人の目にはもっとも見えにくいボドイの世界で、本来ならば感染経路の透明化が求められる新型感染症がじわじわと広がっていたのだ。

在日外国人問題の主役はベトナム人に

このあたりでそろそろ、ボドイの世界が生まれた背景を整理しておこう。

近年、在日ベトナム人に関係する社会問題は、大きくふたつに分けられる。

ひとつは、彼らの多くが従事している労働環境の過酷さや構造的な中間搾取、低賃金、それらを苦にした逃亡などだ。これらは主に、技能実習制度や留学制度をはじめとした日本の外国人労働制度の欠陥や、日本社会の企業組織や労働現場のありかたに主たる原因がある。

いっぽう、もうひとつの問題は、不良化した留学生や逃亡した技能実習生らによる犯罪の増加だ。これらの「犯罪」には、偽造身分証や車両の入手、さらには自己消費目的での家畜の泥棒といった、生きるうえでやむを得ず選択したと言えなくもない行為もあるが、なかには最初から盗品の転売を目的とした組織的な窃盗や、借金の督促のための同胞へのリンチなど、明白な違法行為を自身の積極的な意志によっておこなっている例もある。

私はもともと中国分野を専門にするライターだが、二〇一七年の末ごろから、こうした在日ベトナム人たちの現状を追いかけるようになった。一昔前まで在日中国人によって担われていたポジションが、ベトナム人に入れ替わりつつある現象に興味を覚えたからだ。

事実、近年のベトナム人は技能実習生数で中国人を抜いて一位になったほか、留学生数や外国人労働者の総数、来日外国人（永住者などを除く外国人）の犯罪摘発人数といった各数字でも中国人に迫る存在感を示している。

右肩上がりで続いた中国の経済発展によって、いまや中国人が日本の非熟練労働現場で働くことの金銭的なメリットは薄れた。ゆえに技能実習生になる中国人は激減している。また、中国人は在日留学生数こそ増え続けているが、往年のように出稼ぎ目的で来日する留学生は大きく減った。夫が日本人で妻が中国人という国際結婚カップルの数も減少しているので、おそらく中国人女性が資産や在留資格を目的に日本人男性と結婚するケースも減っている。

外国人犯罪についても、来日中国人の刑法犯検挙件数は二〇〇六年に約一万件に及んでいたが、二〇一八年には一七九五件と、一二年間で約五分の一まで激減している（ちなみに同じ期間、来日ベトナム人の刑法犯検挙件数は一五一七件から約二倍の二九九三件に増えた）。背景にはやはり、日中間の経済格差の縮小によって犯罪が割に合わなくなったという事情がある。近年は在日中国人マフィアが「日本で悪いことをするよりも儲《もう》かる」と、中国に帰ってカタギのビジネスをおこなう例も増えている。

いっぽう、替わって存在感を強めているのがベトナム人だ。技能実習生の逃亡、大量の偽装留学生、不法就労と不法滞在、増加する外国人犯罪……と、一昔前までは在日中国人問題の代名詞だったもろもろの問題は、いまやベトナム人が主役なのである。

「日本で罪を犯すベトナム人の割合は、高額の学費を払うのが嫌でドロップアウトした留学生と、逃亡した技能実習生が五分五分ですね」

二〇一八年一月、広島で取材した在日ベトナム人で、警察通訳人を務めているジエム（仮名）からそんな話を聞いたことがある。留学生も技能実習生も、出国前にブローカーなどに支払う費用を捻出《ねんしゅつ》するための多額の借金を抱えている例が多く、来日後は利子に苦しみながら返済に追われる。加えて留学生の場合は高額な学費負担ものしかかる。しかし、彼らが就労する非熟練労働の多くは低賃金だ。日本に来てから賃金の安さと生活費の高さを知り、手元にお金が残らないことに驚く人も少なくない。

「だから、彼らはＳＮＳ上の『ボドイ』コミュニティなどで仲間を集めて数人の万引きチームを作る。北部のタイビン省やラオカイ省などの出身者が、同郷同士で組む例も多い」

中国人犯罪者の場合、カードや公文書の偽造、詐欺、売春、窃盗などのさまざまな犯罪をおこなう傾向があるが、ベトナム人の「ボドイ」たちの犯罪は窃盗が圧倒的に多い。警察庁が発表している『平成30年における組織犯罪の情勢』から、一部を引用しておこう。

ベトナム人による犯罪は、窃盗犯が多数を占める状況が一貫して続いており、手口別では万引きの割合が高い。万引きの犯行形態としては、SNS等を介して自国にいる指示役からの指示を受け、数人のグループで、見張り役、実行役、商品搬出役等を分担して、大型ドラッグストア、大型スーパー等に車両で乗り付け、主にベトナムで人気の高い日本製の化粧品等を対象に一度に大量の商品を万引きし、これを広域的、連続的に敢行するなど組織性、計画性が認められ、盗んだ商品を航空機を利用して海外へ運搬していることがうかがわれる。

ジエムによると、貴金属や電化製品は店舗側のセキュリティが厳しいので、化粧品や健康サプリのほうが窃盗の対象になりやすいらしい。

「盗んだ後はフェイスブックを使って、在日ベトナム人の盗品買い取り屋や運び屋に連絡する。最終的に、たとえば化粧品なら日本国内で一万円のモノが、ベトナム国内の市場では三〇〇〇円くらいで売られることになる。盗品の仕入れ値はタダだから、買い取り代や荷運び代を上乗せしても、原価よりも安い価格で市場に流れてしまうんだ」

確かに、私が後日、ベトナム国内に取材に行った際（第三章参照）も、街角で日本の正規品の健康食品や乳児用品などを販売する商店を何軒も見かけた。首都のハノイだけではなく、中越国境の地方都市であるモンカイでも、カルビーのシリアル食品やムーニーのおむつを大量に取り扱っている小商店を見つけて驚いたのだが、あれはもともと偽装留学生や逃亡した技能実習生たちが「仕入れ」をおこなった品物の行き着く先だったのだ。

すこし前の話だが、二〇一四年三月にはベトナム航空の当時二五歳のＣ　Ａ《キャビンアテンダント》が、この手の盗品の運び屋容疑で警視庁に逮捕され、さらに副機長一人とＣＡ五人の計六人がベトナム航空社内で停職処分を受けている。報道を調べると、同様の事件はそれ以前にも何度か起きている。ベトナムのナショナルフラッグの関係者が多数携わった不祥事は、「ボドイ」たちの窃盗行為に巨大な組織的バックグラウンドがあることを感じさせる。

「窃盗・転売グループのバックにいる元締めは、ベトナム難民の子孫なんですよ」

広島県内に住む別の在日ベトナム人で、偽装結婚により日本に定住して技能実習生関連のビジネスに従事しているグエン（第四章参照）という姓の男性は、窃盗ネットワークの背景についてこう話している。

「彼らは日本生まれで、日本語も流暢ですから。ベトナム料理店なんかを隠れ簑《みの》に、窃盗ネットワークを仕切っているんです」

往年の日本によるインドシナ難民の受け入れは、定住促進施設で言語や生活習慣の教育がおこなわれて一定の成果を挙げるなど、日本の難民受け入れ事業の成功例として評価されることが多い。事実、私の取材を手伝ってくれているチーをはじめ、国立大学や有名私大に進学したり大手企業に勤務したりする難民二世もすくなからず生まれている。

ただ、当然ながら二世の全員が健全な進路を歩むとは限らない。むしろ親世代が亡命する以前の社会階層や教育水準、家庭教育への熱心さなどによって、社会の表舞台で身を立てていける層とそうでない層が、一般の日本人以上に顕著な二極化を見せやすい傾向すらある。

この点も、やはり往年の在日中国人社会と似ている。日本ではかつて中国残留孤児二世たちが「怒羅権《どらごん》」という半グレ集団を形成し、本国からやってくる中国マフィアと結託して裏社会で覇を称《とな》えた。これと似たような構図が、一部のベトナム難民二世たちと、新たに日本にやってきたボドイたちとの間にも生じているのだ。

偽装する留学生と花嫁

偽装留学生についても、ある程度は説明が必要だろう。学習よりも就労を主たる目的としている外国人留学生を「偽装留学生」であると定義するなら、広島のジエムの言葉を借りれば「国費留学などの連中を除けば、ベトナム人留学生の八〜九割は偽装」である。

とはいえ、アルバイトをやりすぎて単位を落とす一昔前の日本の大学生のような、自堕落なイメージで彼らを見てはいけない。ベトナム人の多くは最初から学業よりも就労を希望しているのだが、日本の従来の制度（二〇一九年四月の特定技能ビザ導入以前）のもとではそれが難しいため、やむを得ず留学生の身分を得ることで合法的な滞在資格を得ている。つまり彼らは就業が本業で、学業のほうが付帯的なのだ。

また、就労目的の外国人の日本滞在はタテマエとしては禁じられているものの、日本の非熟練労働現場は外国人労働力に大きく依存している。ゆえに外国人の就労は、さまざまな抜け穴的な手段が用いられ、日本国家もそれを事実上は黙認してきた。すなわち、職業技能の「実習」を名目として実質的には五年間の単純労働に従事する外国人技能実習生が代表的だが、ほかに留学生のアルバイトという形を取っての就労もこれに含まれる。

二〇一九年五月現在の日本の外国人留学生数は、二〇年前の約六倍の三一万二二一四人に達した。急増の背景にあったのは、二〇〇八年に打ち出された留学生三〇万人計画にもとづく政府の旗振りだが、お役所的な数値目標の達成のために受け入れ人数だけを水増しした留学生の多くは、実質的には外国人労働者だった。「偽装留学生」と呼ぶとイメージが悪いものの、彼らは就労のためにそうした方法を取らざるを得ないのであり、また行政側も実質的にそれを誘導してきた。

「日本には働きに来た。もしも単純労働者（非熟練労働者）を受け入れる就労ビザがあったなら、留学じゃなくてそちらを選んでいる。留学は学費負担が重いし、一応は就業時間制限もある。不便だ」

たとえば、私が二〇一八年一月に広島市内で取材した二七歳のベトナム人の夫婦はそう公言している。彼らはなんと「あなたはいま、いくつですか？」という、ごく簡単な日本語の質問さえも聞き取れない「留学生」だった。

彼らが通っている日本語学校は学生の管理がいい加減で、同級生のベトナム人のなかには食品工場で休日なしに六週間連続で夜勤をおこなう人もいたという。午前三時ごろまで働き、学校の授業はもっぱら眠る時間だ。外国人留学生の就労は、法的には（休暇時を除けば）週に二八時間以内にとどめるよう定められているが、彼らの周囲に「そんなものを真面目に守っている人は誰もいない」。職場を掛け持ちすればバレないという。

留学生三〇万人計画の数値目標が達成された二〇一九年からは、当局の締め付けがやや強まったとはいえ、彼らのように名目上の留学生として働くベトナム人労働者は数多い。

いっぽう、制度と実態との乖離《かいり》が大きい留学生の受け入れ事業で甘い汁を吸おうと考える日本側の業者も、やはり少なからず存在する。

「私が通った日本語学校は商業主義的で、偽装留学生の受け入れをビジネスにしているような施設でした」

そう話すのは、同じく二〇一八年一月に広島市内で取材した当時二〇代後半の女性・ルンである。彼女が通っていたのは、先に登場した二七歳の夫婦と同じ日本語学校だった。

留学生を受け入れる日本語学校や専門学校の一部は、教育機関というよりも、事実上は外国人の滞在資格の提供サービスを目的として運営されている。なかには偽装留学生を受け入れる日本語学校と、技能実習生の斡旋《あっせん》機関である監理団体の両方を運営する多角経営に乗り出し、外国人労働者斡旋のプロフェッショナル組織のようになっている業者すらも存在する（第四章で詳述）。

日本で就労を望む外国人は、年間約一〇〇万円の学費を偽装留学向けの教育機関に支払うことで、日本で労働する権利を購入しているという見方も可能だろう。

出国前の出費も多額である。たとえば二〇一四年にベトナムを出国したルンの場合はこうだ。

「留学エージェントに日本円で一五〇万円くらい払った。手数料と日本語学校の学費一年分と、六ヶ月分の寮費。あと、日本語能力試験の資格が必要なので、N5（最低クラス）の合格証のニセモノを作ってもらった」

留学ビザを申請する際には、経費の負担能力を証明する目的で本人または保護者の預金残高証明書、過去数年間の収入証明書や課税証明書といった書類も必要だが、こちらも（近年はチェックが厳しくなったとされるものの）ニセモノの利用が横行している。当然、ニセモノを手に入れるお金も必要である。

農村部では年収が日本円換算で三〇万円程度にとどまる人も珍しくないベトナムで、一〇〇万円を上回る出国費用は大金だ。偽装留学をおこなうにせよ技能実習生になるにせよ、多くのベトナム人は母国で多額の借金を抱えたうえで来日する。

偽装留学生は、職業選択や移動の自由があるだけ技能実習生よりはマシだとされる。ただ、来日後は借金の返済のために労働漬けの日々を送る点は変わらない。ルンもやはり「当時の日本語学校の同級生で、労働時間の制限を守っている人はほとんどいなかった」と話す。

ルンが入学した日本語学校は特に悪質だった。学校側は地元の業者と提携し、言葉ができない外国人留学生を最低賃金レベルで働ける労働者として斡旋さえしていたからである。

「授業が終わると、手配されたバスで職場に連れていかれます。バスは有料で、片道三〇〇円くらい。職場での給料は出るけれど、学費も寮費も高いから手元に残らない。ベトナム人留学生は一〇〇人ぐらいいたけれど、みんな同じような状態でした」

ルンが送り込まれたのはクール便を扱う宅配便の仕分け拠点だった。日本人管理者の怒鳴り声が響く冷凍室で荷物を運び続けるヘビーな職場である。そこでルンは荷物を足に落としてケガをしたが、勤務終了時間まで退勤が許可されなかった。

「学校側に相談したんですが、取り合ってもらえなかった。学校側が業者とトラブルになるのを嫌がったんだと思います。ケガも通学中にしたことにされて、労災も下りなかった。おかしいと思ったけれど、日本語ができないし、法律もわからない。歩けなくて、友達に背負ってもらって通学しました」

取材をおこなうと、ルンに限らず、この手の話は枚挙にいとまがない。

日本社会は外国人の労働力が必要だ。だが、専門的な技能を持たない外国人の就労はタテマエのうえでは禁じられているため、偽装留学生や「実習」を名目に働く技能実習生の労働には、常になんらかの小さなズルやウソが必要になる。そんなうさんくさい構造ゆえに怪しげな業者やブローカーにカネが流れ込み、コンプライアンスを無視した職場が野放しになる。いっぽう、ベトナム人労働者側の遵法意識も低下し、やがては逃亡や犯罪を招くモラルハザードの下地が作られていく。

日本に「合法的」に滞在して稼ぎ続けたいベトナム人の究極の選択肢には、偽装結婚もある。女性なら五〇万〜一〇〇万円、男性なら数百万円をブローカーに支払って日本人と結婚したことにすれば、就業内容にまったく制限がない究極の滞在資格が手に入るのだ（ブローカーを使うよりもお手軽なパターンとしては、技能実習生として来日した若いベトナム人女性が、実習先の四〇～五〇代の独身日本人男性と結婚する例も多い)。

いっぽう、多額の不透明な費用を負担したり意に沿わぬ異性と書類上の結婚をしたり、ビザによる就業制限を受けたりすることもなく、日本でそれなりにカネを稼ぎたいと考える人はボドイになる。

技能実習生、(偽装)留学生や偽装結婚者、そしてボドイを色分けする境界線は限りなく曖昧《あいまい》だ。合法的な存在であるか否かを含めて、彼らはいずれも紙一重の存在なのである。

「新しく来た」人たち

「ベトナム人の技能実習生や留学生が増えたのって、面白いこともあるけれど、困ることもあるんですよね」

——話の舞台を伊勢崎市内に戻そう。

新型コロナウイルス流行によって失業した不法滞在者・サオへの電話取材を終えてから、チーがそう言った。

当然、彼をはじめとした日本生まれの難民二世たちは、ボドイや偽装留学生たちの連絡先くらいは知っていても、違法行為に対しては眉《まゆ》をひそめる人が大部分だ。チーが祖国出身の同胞たちと付き合っているのは、自分のルーツに関係していることと、純粋に好奇心を刺激されているからである。

とはいえ、だからこそ本来は同胞であるはずの彼らに違和感を持つこともある。

一例はチーが子ども時代から親しんできた、埼玉県のベトナム寺の変化だった。かつては日本国内に生活の拠点を置く難民二世やその家族が集まる場だったベトナム寺は、いまや技能実習生や留学生をはじめ、ベトナム国内で生まれ育った若者の参拝者でごった返している。

「六~七年前までは、テトの法要でも参拝者は数十人でした。なのに、今年のテトは一〇〇人以上も来たんです」

「でも、宗教施設に人が多く来るのはいいことじゃないの？　彼らも異国で自分たちの文化が感じられる場所にいたいのだろうし」

「その通りです。でも、新しい人が増えたかわりに以前からお寺に通っていた人が減って、雰囲気が変わってしまったんですよ。お寺の知り合いのおばさんからも『最近は若い人が増えて居づらい』『何を話題にしていいかわからない』みたいな話を聞いています」

「雰囲気が変わったって、どう変わったの？」

「僕が小さかったころのお寺のほうが、静かでよかったなあって」

かつてベトナム寺に集っていた難民一世は、一九七〇~八〇年代に祖国の社会主義化を嫌って海外に逃れた人たちであり、もはや人生のなかで日本で暮らした時間のほうが長くなって久しい。その配偶者たちも、おおむね一九九〇年代までに来日している。いわんやチーのような難民二世は日本生まれの日本育ちで、ベトナム語よりも日本語のほうが上手な人ばかりだ。

いっぽう、近年増えているベトナム人労働者の若者たちは、多くが一九九〇年代以降にベトナム国内で生まれ育っている。当然、母語はベトナム語であり、日本語ができない人もかなり多い。

日本に生活基盤を置いて定住している元難民たちの一族と、ベトナム国内の感覚のままで日本に僑居《きょうきょ》している出稼ぎ労働者たちでは、生活習慣や価値観の違いは大きいのだ。

「たとえばテトのときに、彼らは竹の上を跳ぶベトナムの伝統的な遊びで盛り上がるんです。でも、お寺は宗教的なことをする場なのに、そんなことをするのはあるべき姿から外れていないかと思うんですよ。法要の後の精進料理も、昔はみんな厳粛な雰囲気のなかで静かに食べていたのに、いまはガヤガヤ喋《しゃべ》りながら食べるようになりました。お寺の装飾もごちゃごちゃするようになって……」

彼にとってそれは不満なことらしい。

チーは自分が子どものころから親に連れられて通ってきたベトナム寺への帰属意識が強い。

通常、思春期になれば寺の行事から離れる子も多いが、彼は高校・大学に進学後も寺院行事への参加を続けており、ムアランも毎年おこなってきた。

伊勢崎郊外にある社員寮のチーの部屋では、母親に種子をもらったRau răm、Rau húng cây、Rau hung lũi といった、日本語では何と言うのか彼自身もよく知らないベトナム野菜が育てられており、部屋の壁には埼玉のベトナム寺のカレンダーが掛かっている。

これまでの彼にしてみれば、日本人の名前を名乗って日本社会で育つなかで、ベトナム寺は自分のルーツがベトナム人であることを確認できる貴重な場だった。

しかし、本国生まれのリアルなベトナム人たちがもたらした寺の変化に、現在の彼は複雑な気持ちを抱きつつある。

「でもさ、ベトナム育ちの人たちがテトに竹飛びをして騒いだり、喋りながら精進料理を食べたり寺をゴテゴテ飾ったりするのは、本国の宗教的なカルチャーのなかではそれらが普通の行動だからじゃないの？　むしろ寺でずっと静かに過ごすのは日本の習慣の影響であって、本来はベトナム的な行動ではなかった可能性もあるよ」

「あ……。そう言われてみると、確かにそういう見方はできますね」

「でも、彼らが寺でおこなう行動は君が子どものときから親しんできたものとは異なるから、違和感があるわけでしょ」

「ですね。そう、違和感です」

在日ベトナム人の難民系と出稼ぎ労働者系の感覚の違いは、私が知っている在日中国人の老華僑と新華僑の関係とすこし似ている。

老華僑とは、中国本土が社会主義化する以前に日本に移民した、オールドカマーの中国人とその子孫だ。具体的な人物としては元巨人の王貞治《おうさだはる》や、（厳密には台湾系だが）小説家の陳《ちん》舜臣《しゅんしん》に政治家の蓮舫《れんほう》などが該当する。老華僑は祖先の移住からかなりの時間が経っており、すでに三〜四世が多くを占める。言語についても、中国語よりも日本語のほうが流暢な人がほとんどだ。横浜《よこはま》や神戸の中華街は、もともとは老華僑の街だった。

対して新華僑は、日中間の国交が回復した一九七〇年代以降（ほとんどは一九九〇年代以降）に日本に来た中国人移民だ。彼らの多くは移民の第一世代であるニューカマーで、価値観や行動様式は中国人的な特徴が強い。

そういえば一〇年ほど前、私が横浜中華街で中華会館（中華民国系の華僑組織）を取材したときに、当時六〇歳くらいの老華僑の二世が、大陸出身の中国人たちのゴミの出し方や生活習慣に苦言を呈していたことがあった。

「……この老華僑によると、自分たちは名前と国籍と自己認識は中国人だが、ものの考え方や立ち居振る舞いはかなりの部分で日本人的になっている。だから『新しく来た人たち』とは、同じ中国人とはいえ感覚が合わないところがある――。と言うんだ」

「あー、それですよ！　まさにそれです」

チーが、答えが見つかったような顔でうなずいた。

日中間の経済関係の変化によって、往年の在日中国人にまつわる問題はいまや大きく変化した。かわりに在日ベトナム人たちが、過去の中国人の姿をトレースするようにして、各方面での存在感を増している。

一般的な日本人の目にはなかなか見えないボドイの世界は、そんな変化の象徴だ。

日本で戦う「兵士」たちは、この先どこへ向かうのか。この国の移民問題の最前線は、一日に数十~数百件もの新規投稿が繰り返されるフェイスブックのグループのなかで、いまも更新され続けているのである。

第三章

頼りなき弱者

――ベトナム「送り出し」業者に突撃してみれば

扉写真　ハノイ市内のフューチャーリンク社へ
向かう元技能実習生のハー

送り出し機関

「昨年、弊社は台湾に七〇〇人、ロシアに一〇〇人の労働者を送りました。日本に向けては五〇〇人の技能実習生を送り出しています」

男が立て板に水の調子で中国語を喋《しゃべ》り続けていた。彼はベトナム人だが、台湾と取引関係があるためか言葉は非常に流暢《りゅうちょう》だった。

二〇一九年六月二四日。私はベトナムのハノイ市内にある、フューチャーリンクという外国人技能実習生の送り出し機関の社内にいた。ゴージャスな雰囲気を漂わせた五～六階建てのビルである。一階のホールや、いま私たちがいる来客用の会議室は宮殿のように天井が高い。

同社は日本に向けて技能実習生を送り出す以外に、台湾とロシアへのベトナム人労働者派遣事業をおこなっていた。

「日本へ向かう技能実習生たちは農業・漁業・工場労働・建築などさまざまな分野で働いていますが、事前の希望とのミスマッチはありません。みんな、満足して働いていますよ」

同社の幹部であるこの男については、ひとまずドゥックと呼んでおこう。もっとも彼の言葉とは裏腹に、フューチャーリンクはハノイ市内にある送り出し機関のなかでも、かなり悪名高い会社である。

私たちがここに来たのは、同社を通じて広島市内の給食・食堂業務請負企業であるハンムラ社（仮名）で働いたことがあるベトナム人の元技能実習生、ハーの依頼を受けたからだった。ハーは二七歳（年齢は当時、以下同）で、ベトナム東北部のモンカイ市郊外の農村出身だ。故郷に九歳の息子がいるシングルマザーである。彼女は日本国内でハンムラ社から非人道的な扱いを受け、送り出し機関であるフューチャーリンク社にも騙《だま》されたと主張している。

「技能実習生の逃亡問題？　ああ、そういう事態があるとすれば、日本側でなんらかのトラブルがあったんでしょう。ウチから日本へ行く人材には、あまり多くありませんがね」

そう嘯《うそぶ》くドゥックの目を盗みつつ、今回の取材のアシスタントを務めているベトナム人女性のホアが、ときおり自分のスマホを使って外部にいるハーにメッセージを送っている。ホアはもともと通訳のために同行していたが、私とドゥックが中国語で直接コミュニケーションを取れることがわかり、自発的に別の仕事をしてくれていた。

こういう機転が利く人がサポートに回ってくれると、海外取材はやりやすい。

「ミスマッチ」だらけの制度

日本の外国人技能実習制度の悪名高さは、すでに多くの人が耳にしたことがあるはずだ。言わずもがなの話ながら、ここでは軽くおさらいしておこう。

送り出し機関フューチャーリンクが入っているビル

外国人技能実習制度は、発展途上国に日本の優れた技術や知識を移転し、現地の人材を育成する「人づくり」を通じた国際貢献をおこなうことを目的として、バブル崩壊からほどない一九九三年に創設された制度である。

もっとも人材育成や国際貢献は単なるタテマエに過ぎず、実態としては日本国内の非熟練労働現場に五年間（二〇一七年以前は三年間）の任期付きで安価な外国人労働者を送り込むシステムとして運用されている。事実、日本語では技能実習生の「送り出し」と呼び替えられている行為は、中国語では「労務輸出《ラオウーシユーチユー》」、ベトナム語では「Xuất《スアット》 khẩu《カウ》 lao《ラオ》 động《ドン》（漢字で書くと『出口労働』）」などと呼ぶ。実質的には実習ではなく労働力輸出にほかならないということだ。

二〇一九年末時点で技能実習生の総数は約四

一万人にのぼり、在留外国人の約一四％を占めている。国籍はベトナム人が最多の五三・二％を占め、次いで中国人が二〇・〇％、フィリピン人が八・七％などとなっている。技能実習生になる人物の多くは、母国での学歴や社会的地位が比較的低い、農村出身の若者たちだ。

通常、技能実習生たちは母国内の「送り出し機関」（フューチャーリンクもこれに該当する）の募集に応じて現地で研修を受け、彼らと提携する日本国内の技能実習生の取りまとめ組織である「監理団体」に送られる。この監理団体の斡旋《あっせん》のもとで、日本各地の受け入れ先企業において事実上の就業をおこなう。「実習」先の大部分は地方の中小企業だ。

近年、日本は慢性的な経済の停滞や少子高齢化、地方経済の衰退などに加えて、他の先進国と比較しても非効率的な働き方が蔓延《まんえん》している。技能実習制度はこうした日本の最も病理が深い部分と直接接続している制度と言ってよく、それゆえに調べれば調べるほど悩ましい現実ばかりが見えてくる。

たとえば、技能実習生はたいてい出国前に多額の借金をして、現地のブローカーや送り出し機関に五〇万～一五〇万円ほどの費用を支払って来日している。一応、日本政府は送り出し機関が徴収する費用に対する上限を設けているのだが、なにぶん海外のことであり、悪質な機関ほど定められたルールに従っていない。

二〇一九年には、年間で八七九六人の技能実習生が逃亡・失踪《しっそう》している。主な理由は、受け入れ先企業の給料が日本の最低賃金レベルしか得られず、母国での借金を返せないためだ。しかも、技能実習生は名目上は「実習」のために日本にいるので、受け入れ先企業の変更は容易ではない――。つまり三年以上の実習期間を通じて、職業選択の自由や移動の自由がほとんど認められていない。雇用条件や人間関係が悪い職場を離れる最も手っ取り早い方法は「逃亡」しかないわけである。

人数の母数が多いこともあって、逃亡する技能実習生の半数以上はベトナム人だ。彼らがフェイスブックのコミュニティに集う「bộ đội《ボドイ》」（兵士）と呼ばれる人たちであることはすでに何度か書いてきた。ベトナム人技能実習生問題に詳しい、神戸大学大学院国際協力研究科准教授の斉藤善久《さいとうよしひさ》はこう説明している。

「彼らは不法就労をおこなう目的で外国人技能実習制度を利用したわけではなく、来日後に強い失望や違和感を覚えたことで、逃げている。はじめから不法滞在や不法就労をする気であれば、他にもっと安価に来日する方法はあるんです」

日本側の監理団体も問題が多い。悪質な団体ほど、技能実習生と受け入れ先企業とのトラブルが発生した際に、自分たちの顧客である企業の肩を持ちがちだからだ。技能実習生が最も恐れているのは、借金を返しきれないうちに監理団体からの「懲罰」を受けて強制帰国させられることであり、ゆえに生殺与奪の権を握っている監理団体には決して逆らえない。結果的に、職場での低賃金やセクハラ・パワハラなどの労働問題を告発しづらい構造が形成されている。

また、技能実習生が送り込まれる企業は、従業員五〇人未満の会社が全体のおよそ八割、さらに従業員数が一〇人未満の会社が約半分を占めている。経営基盤が脆弱《ぜいじゃく》だったり、コンプライアンスがいい加減だったりする会社も少なからず存在することが、トラブルの多発に拍車をかけている。

二〇一六年、ハーがハノイで申し込んだ送り出し機関のフューチャーリンクも、広島県福《ふく》山《やま》市内にあった監理団体のＴＴＫ（名称は当時）も、受け入れ先企業のハンムラ社も、外国人技能実習制度の歪《ひず》みに群がるそんな悪質な事業者たちだった。

フューチャーリンク幹部のドゥックは「事前の希望とのミスマッチはありません」と話していたが、それが実態とは程遠いことは、この時点ですでに複数の関係者に取材して明らかであった。

「人買い」と被害者の対決

「ドゥックさん、待ってください」

調子のいいドゥックの話をさえぎり、ハノイ市内の会議室で私は尋ねた。

「フューチャーリンク社が日本に送り出したベトナム人技能実習生が、広島県内で少なくとも二人、逃亡したことが確認されています。現地での労働環境も非常にひどかったと聞いていますが、これは『ミスマッチ』とは言わないんですか？」

「……さあねえ？　そんな話は聞いたことがない。もっとも、逃亡したやつがいたとしても、それは日本の警察が捜査する話じゃないのか？　うちとは関係がないね」

海千山千の彼は都合の悪い質問をされても顔色ひとつ変えない。

ただ、口調は荒っぽくなった。

「日本に行ってからの逃亡を防ぐため、ベトナム側の送り出し機関には、技能実習生から手数料とは別に保証金を預かっている例があると聞きました。こうした行為は違法ですよね」

「ああ、違法だ。だから、私たちの会社はそんなことはしていない」

やった――。私は隣に座っているホアに、密《ひそ》かに目配せした。

ホアが手元のスマホでこっそり、社屋外にいるハーに「すぐに三階の会議室まで上がってきて」とメッセージを送る。

すでに書いたとおり、この日、私とホアがフューチャーリンクを訪れたのは、ハーから強く頼まれたからだった。ハーは二〇一六年春の出国前、日本円で三〇万円近い保証金をフューチャーリンクに預けていたが、いまだにそれを返還されていないと主張している。

保証金が返されない理由は、ハーが来日から約半年後の二〇一六年一一月、受け入れ先企業のハンムラ社から逃亡したためだ。正確に言えば、ときに月給が一万円台（一〇万円ではなく一万円である）の月すらあったハンムラ社の低賃金に抗議したハーに対して、監理団体のTTKが身柄を押さえて岡山空港から強制帰国させようとした。彼女はその際に、隙を見て空港から逃げ出したのである。日本国内でのハーの支援者の一人で、ベトナム労働法が専門の斉藤善久（前出）は、私がフューチャーリンクに乗り込む前にこう説明している。

「フューチャーリンク側は、ハンムラ社が作成した行方不明報告書を根拠に、ハーが違約したとして保証金の返還を拒否しています。所轄機関の受理印すらない、法的には無意味な書類だと指摘しても、フューチャーリンク側は『日本語がわからない』という、無理のある理由で開き直っているんですよ」

ハーは空港からの逃亡後、潜伏先の大阪市内で斉藤ら複数の日本人支援者と知り合い、その助けを得てハンムラ社を相手取り法廷での調停に踏み切った。結果、数十万円の未払い賃金の支払いを認めさせ、二〇一八年六月にベトナムに帰国した。

ゆえにハーは、日本国内の裁判所が出した調停調書の正本をもとにして、フューチャーリンク側に自分の逃亡が正当な行為だったことを主張している。だが、元技能実習生という立場の弱さゆえか、これまでフューチャーリンクの社員とまともに話す場すら得られないできた。

そこで、ハノイに取材に行った私がフューチャーリンクに接触し、その場に彼女を呼び寄せる形で、問題の決着を付けることになったのである。

「誰だ、お前は？」

会議室に入ってきたハーを見て、ドゥックが荒々しいベトナム語でそう言った。

「あなたの会社に、違法であるはずの保証金を取られたまま、返却されずに困っているのが彼女なんですよ。さあ、言い分を聞いてください」

私が中国語でそう伝える。

まるでサスペンス映画のワンシーンだ。欠点だらけの外国人技能実習制度のもとで虐《しいた》げられた被害者が、自分を騙した「人買い」を相手に思いをぶつける逆襲劇が、これから目の前で展開するのである。私とホアはさすがに緊張して身を硬くした。

――だが、その後の展開は意外なものだった。

ハーは何も言わず、口を開けてぼうっと立ちつくしているのだ。

「ちょっと、あなたは何も言わないの？」

ホアが見かねて話しかけた。だが、ハーは言う。

「……でも、私の担当だったのはこの人じゃないし。違う人」

私も思わず口を開き、急いでホアに通訳してもらう。

「いま、あなたの目の前にいるドゥックさんもフューチャーリンクの幹部ですよ。この会社の問題について、話をする絶好のチャンスじゃないですか。そもそも、今日はハーさんが僕にこの場を作ってほしいと頼んだんでしょう？」

私たち三人が揉《も》めている様子を見て、ドゥックが笑いはじめた。

「いいじゃないか。構わんよ。何か事情があるのなら聞いてやろう。だが、別に言いたいことがないのなら、さっさと帰ってほしいんだがな。ほれ、喋るならさっさと喋れ」

ドゥックの声が会議室に響く。

ハーはそれを聞くと、なんと私たちを放り出して無言で部屋を出ていってしまった。ドゥックが勝ち誇った顔で言う。

「おい、お前たちも帰ったらどうだ？　俺たちは忙しいんだよ」

「でも、ハーはあなたの会社が保証金を返さないと言っています」

「あいつは何も言わなかったぞ。本人に文句がないのに、お前たちは何を騒いでいるんだ？なにかうちの会社に問題があるなら、出るところに出てもらっても一向に構わないがね」

引き下がらざるを得ない。

私とホアが憮然《ぶぜん》として社屋の玄関を出ると、外ではなんと、ハーがヘラヘラと笑いながらボーイフレンドといちゃついている最中だった。フューチャーリンクの建物の前までバイクで迎えに来てもらったらしい。

「ちょっと？　あなたは何を考えているの？　仮にドゥックが自分の担当者と違う人でも、いま抱えている問題を訴えればいいじゃないの」

呆《あき》れきった顔で話しかけるホアに、ハーは許しを求めるように笑いながら「何を言ったらいいのか忘れた」「あなたたちに突然呼ばれたのでびっくりした」と話した。

私がさきほどの振る舞いの理由について尋ねても、やはり返事は――。というより、彼女の言い訳は二転三転した。なのに、やがてハーはこんなことを言い出した。

「今日はフューチャーリンクと話せなかった。次はがんばりたいと思う。これからも私を支援してほしい」

日本は外国人が働く国じゃない

「さっきのドゥックという幹部、人間性はさておき頭はいいんですよね。かなり口が回る人でしたよ」

帰路、タクシー内でホアが言った。

私はこれまでにも、日本国内などでハーに何度か取材しており顔見知りだ。フューチャーリンクからの帰路、ハーには（彼女のボーイフレンドを含めて）四人で一緒に帰ろうと誘われていたのだが、先程の顚末《てんまつ》ゆえに腹が立ってしまい、ホアと二人だけで戻ることにしたのだった。

「それは僕も思った。中国語もかなり上手《うま》いし、なんだか中国の地方都市で土建業者の親父と喋っているみたいでしたよ。社屋内で見た他のベトナム人技能実習生たちはハーと同じようなヌルい雰囲気だったけれど、ドゥックはぜんぜん違った」

「でしょう？　それにさっき、あの男は『訴える気なら訴訟用の申請書をちゃんと書くことだな』とハーさんを挑発していた。彼は裁判沙汰《ざた》にも慣れているんだと思います」

さまざまな意味で、普通の技能実習生では太刀打ちができない人物ということだ。しかし、引っかかるところはあった。

「もしも、中国人がさっきみたいな場に置かれたら、たとえ立場が弱い人間でもなにかしらの自己主張をすると思うんですよ。ベトナム人の場合、そういう行動は取らないんですか？」

「いや、ちゃんと自己主張する人もいますよ。特にさっきのケースで、彼女が何も言わなかったのはよくないですね。たとえドゥックが自分の担当者じゃなくても、あれこれと騒いでいれば社屋内にいる他の社員や技能実習生たちがやってきて、おおごとになる。そうなれば、外国人の記者のあなたが横にいるんだし、フューチャーリンク社もハーさんの主張を無視できなかったと思いますよ」

念のためハーの行動を弁護しておけば、ベトナムは腐敗が深刻な国である。役人だけではなく一般企業でも、各担当者のレベルで顧客に特別な便宜を図ることと引き換えに、個人的に手数料を徴収することがある。なので、ハーの保証金返還問題は別の日本担当者のマターであって、台湾担当のドゥックに抗議しても話が通りにくいことは確かだ。

ただ、ハーはこれまでフューチャーリンク社から門前払いされてきた。社屋に立ち入ることさえできないからと、私たちに代わりに潜入してほしいと頼んだはずなのだ。ホアが言う通り、あの場で大騒ぎをしていれば、状況になにかしらの変化が生じた可能性はあったのではないか。

「あの、ホアさん。もしかして、あなたもさっきの一件に怒っていませんか？」

「うーん。釈然としない気はしますねー」

ホアはハーと同じ二七歳で、離婚歴があり三歳の男の子を育てるシングルマザーだ。ハノイ外国語大学で中国語を専攻した後に中国の広東省《かんとん》広州《グァンヂョウ》市で数年間働き、現在はハノイ市内で中国人旅行者向けの民泊を女手一つで経営している。

今回、ベトナム語が話せない私は彼女に中国語との通訳を頼んでいた。わざわざ中国語話者を選んだのは、難民二世以外のベトナム人はたとえ日本語が上手な人でも、中国人や韓国人と比べると語学力が一枚落ちる場合が多いことと（いっぽう中国語とベトナム語は構造が比較的近いため、ベトナム人の中国語話者のレベルは高い）、中国語のほうが短い言葉で直接的な表現ができるので、仕事の指示が簡潔に済むという実用的理由。そして何より、日本語人材よりも中国語人材のほうがコストを大幅に抑えられるからだ。

「そういえば、ホアさんは中国をどう思っていますか？」

「若い中国人はちょっと微妙です。国家に洗脳されている感じがして、愛国主義的な考えが強すぎる。もちろんベトナムの報道統制もひどいのですが、こちらはネット利用についてはほぼ自由なので、中国よりはかなりマシです。天安門《てんあんもん》事件も香港デモも、旧ベトナム共和国（南ベトナム）のことも、その気になればちゃんと調べられます」

ミディアムのおとなしい髪型に黒縁のメガネを掛けているホアは、見た目も中身も絵に描いたような優等生に見えたが、かなり進歩的な思想を持っているらしい。

「中国だと、あなたみたいに真面目で優秀な若い人は結構な割合で中国共産党員ですよ。てっきりホアさんもベトナム共産党員だろうかと思っていましたが、リベラルなんですね」

「よしてくださいよ。私、頼まれたって共産党なんか入らないですよ。ああいう統制的なのは嫌なんですよね。自由な思想を持つのが好き」

彼女は普段、民泊の顧客に対しては如才のない振る舞いをしているが、いったん友達になると尖《とが》った意見をズバズバ話した。同じ中国語を学んだ外国人のよしみと、中国について政治的に際どい話題を遠慮なく話せたことから、私とは気が合った。


ところで、過去のホアは広州からハノイに戻ったあと、日系企業のベトナム法人で働いた経験がある。なので、実は中国語のほかに英検三級レベルくらいの日本語も話すことができる。

彼女に日本をどう思うかも聞いてみた。

「日本ですか……。先進国だし、ベトナムが学んだほうがいい部分がたくさんありますが、もう日本の会社では働きたくないですね」

「日本企業、ダメですか」

「働き方の効率性が悪い気はしますよね。あと、外国人が働いても、公平に認めてもらえそうな雰囲気がない。外国人にとっての日本は住んで働く国じゃなくて、旅行に行くくらいがちょうどいいんじゃないかな。私は行ったことがないんですけど、行ってみたいですよ」

近年、中国を含むアジア各国の中産階級以上の若い人にはよく見られる意見だ。私は質問を変えた。

「それなのに、ベトナム人の技能実習生はなぜ多額の借金を作ってまで日本で働きたがるんでしょう。たとえばいまハノイで働いているハーさんの月収は米ドルで三五〇ドル（約三万八〇〇〇円）くらいだと聞きましたが、日本で技能実習生になっても月収は一一〇〇ドル（約一二万円）か、それより低い場合もあります。単純に考えて割に合わないんじゃないでしょうか」

「それ、私も思いますよ。ベトナムは賄賂《わいろ》がとてもひどくて、私はそこがすごく嫌いなんですが、でも経済は成長している。いまの時代なら、日本に行って技能実習生になるよりハノイやホーチミンで働くのも悪くないと思う。特にハーさんの場合は子どもがいるんだし、すぐに会える環境にいたほうがいいんじゃないのかと感じてしまうんですが……」

そんな話をしているうちに、ホアの民泊に到着した。

一階のロビーで子どもの世話をはじめた彼女を残して部屋に戻る。

今夜、私とホアとハーは、いっしょに片道八時間の夜行バスに乗り、ハーの故郷である中越国境のモンカイの農村に向かう予定なのだ。

ネットで調べてみると、最近のベトナムの夜行バスは車内にフリーＷｉ‐Ｆｉの電波が飛んでいて意外と快適だという体験談も見つけたが、とはいえ実際に乗ってみない以上はわからない。体力の余計な消耗を避けるためにも、いまは休んでおきたい。

窓の外のサウの木の葉を叩《たた》く午後のスコールの音を聞きながらベッドに横たわった。

フューチャーリンクの騒動で気疲れをしていたせいか、眠りに落ちるまではあっと言う間のことだった。

第四章

〝低度〟人材の村

——ウソと搾取の「破綻した制度」

扉写真　モンカイ郊外のハーの実家へタクシーで向かう

「クミアイは、なんでも、しってる」

「……せっかく日本に来たのに、こんな場所に住まわされるのは、あの子らもかわいそうじゃ、や思いますよ。ただ、それでもハンムラ社よりはマシです。あの会社は給料もろくに払わんかったから」

——話はベトナム取材以前の二〇一八年一月一五日までさかのぼる。

街灯もろくにない真っ暗な田舎道を歩きながら、壮年の男が広島弁で話していた。

福山市内から延びる福塩線《ふくえん》というローカル路線の無人駅で下車して古い街道を進み、やがて曲り道を何度も曲がって田園地帯に入ったころには、自分が進んでいる方向すらわからなくなっていた。付近にはコンビニやスーパーどころか、自動販売機もほとんどない。

私を案内しているのは、かつてハーの受け入れ先企業だったハンムラ社の元部長・岡谷《おかや》(仮名)である。私たちはこのとき、かつて同社で働いていたハーとは別のベトナム人技能実習生たちを訪ねるために、最寄り駅から三〇分近くもかかる夜道を歩いていた。

「あの会社は一族経営の中小企業でした。公私混同がひどくて、自社の最上階を社長の自宅にしていたのに会社に賃料を入れないで、家賃を架空計上していた。社員の給料からは社会保険料を引いているのに、実際は法人としての社会保険料をおさめとらんかった。メチャクチャな会社じゃったんですよ」

岡谷はアクが強い五〇代の男だ。この取材の数日前にはハンムラ社の情報提供と引き換えに、広島市内で二人で三万円以上かかる寿司屋《すし》と、さらに二次会のフィリピンパブ、加えて広島から福山までの新幹線の往復交通費その他の費用をすべてなし崩し的に私に奢《おご》らせていた。だが、彼はなぜかハンムラ社を離れた後も、同社の元技能実習生の一部とのコネクションを持ち続けていた。

農道と小さな集落を交互に通り抜けながら延々と歩き、やっと目的地であるアパートに到着する。

壁の薄そうな建物だ。窓のなかには室内干しにされた大量の洗濯物が見えた。後でわかったことだが、狭い部屋のなかに、他のベトナム人技能実習生も含めて合計六人が一緒に住んでいるらしい。

「ボス！　こんばんはー！」

連絡を受けてアパートから出てきた若い女性たちが、奇妙なアクセントの日本語で一斉に声を上げた。意外なほど明るい――、というより無邪気すぎる印象を受ける幼い声だ。

彼女たちはクアンビン省出身の二二歳のリエンと、ハティン省出身の二三歳のダオ、二〇歳のヴアンである（すべて仮名、年齢は当時）。いずれもベトナム中部の農村の出身だ。来日の時期が半年以上ずれることや年齢が一世代若いことから、リエンたちはあまりハーとは親しくなかったが、同じように日本でひどい目に遭い続けていた。

人数が多いのでタクシーを呼び、数キロ先の国道沿いにあるガストに向かう。時間が遅いためか店内に客の姿はほとんどなく、私たちはいちばん奥のボックス席に座った。

リエンたちは日本で暮らして二年三ヶ月目だが、ファミリーレストランに来たのは初めてらしく、盛んにはしゃいでいる。注文したハンバーグ定食や生姜《しょうが》焼き定食が届いてからよく観察すると、三人ともナイフとフォークの使い方が異常にぎこちなかった。母国でほとんど洋食を食べる習慣がなかった社会階層の出身ということだろう。ドリンクバーも珍しいらしく、うれしがってジュースを何杯もお代わりしていた。

「この人なあ。記者なんだ」

だが、岡谷が私の身元を伝えたとたん、天真爛漫《らんまん》だった彼女たちが一斉に顔色を変えた。緊張した表情で周囲を見回してうつむく。いちばん日本語が上手なリエンが言う。

「こわい。クミアイ《組合》から、ひとにはなすな、いわれた」

「ここに組合の人間はおらん。大丈夫じゃから」

話を聞く際にこれだけ怯《おび》え切った表情を浮かべる相手は、私の普段の取材先である中国国内でもめったに見ない（あえて言えば、非常に深刻な少数民族弾圧を受けているウイグル人などであればこういう顔をする人がいる)。

しかし、ここは平和な日本の夜八時のガストの店内だ。リエンたちは二〇代前半の一般的なベトナム人女性であり、専制国家で情報機関の追跡を受けている反体制主義者や少数民族独立運動の活動家などではない。

ならば、彼女たちを追い詰め、恐れさせている存在はなにか。

それは技能実習生の監理団体・TTKだ。ちなみに彼女に限らず、外国人技能実習制度の関係者たちは監理団体を指す一般名詞として「組合」という単語を常用する。

「クミアイは、なんでも、しってる。もんだい、はなした、わかると、ベトナムにもどされる」

リエンはたどたどしい日本語でそう話した。


「お前らは国では売春婦をするしかない」


すでに書いた通り、監理団体とは日本国内で技能実習生を企業に斡旋《あっせん》する組織である。もちろん、制度の範囲内で良心的な経営に努める組織も少なくないが、TTKの場合はかなり悪質だった。

彼らはかつてハンムラ社に技能実習生を手配していた。だが、ハンムラ社と技能実習生たちとのトラブルが頻発。ゆえにＴＴＫは顧客であるハンムラ社の肩を持つ形で、最もうるさく騒いだハーの強制帰国を図るなどしていた。

しかし、ハンムラ社がＴＴＫへの監理費用の支払いを滞納し続けたことで（岡谷によれば数百万円規模という）両者の関係は決裂する。二〇一七年一〇月ごろ、ＴＴＫはまだハンムラ社に残っていたリエンたち三人の技能実習生を引き上げさせることになった。

その後、ＴＴＫは職場から離れた彼女らがハーのように逃亡することをおそれて、パスポートを取り上げ、三人を自社のアパート内に二ヶ月近く軟禁する。やがて、リエンたちには福塩線沿線にある大手の漬物工場が新たな受け入れ先企業として準備されたが、ＴＴＫは彼女らに対して、ハンムラ社や自分たちの問題を外部に告発すればベトナムに強制帰国させると恫喝《どうかつ》し、精神的な支配下に置いた（本件について一部の関係者名が仮名なのはそうした事情ゆえである）。

劣悪な労働条件に直面しても、技能実習生の多くが帰国したがらない理由は、母国に多額の借金を残しているからだ。そもそも、ＴＴＫに軟禁されて無収入の状態に置かれるだけでも返済は滞る。

「まだいえに、おかね、おくってない。しゃっきん、かえせない、こまる」

ダオが言う。彼女たち三人はいずれも、ハノイのフューチャーリンクに日本円で九〇万

〜一〇〇万円相当の金額を支払って日本にやって来た。これはハーが払った総額一五〇万円よりは安いとはいえ、ベトナムで相当な大金なのは変わらない。ダオは続ける。

「まだ七〇マンエンくらい、かえしてない。りした《利子》かい。まいつき、一マン五〇〇〇エンくらい、りしをはらう」

技能実習制度は日本側の制度の欠陥がしばしば非難されるが、実はベトナム側の利権問題も大きく関係している。フューチャーリンクがそうかは不明だが、なかにはベトナム政府や軍の高官の関係者が携わる送り出し機関すらある。ゆえに雇用期間の途中で帰国した技能実習生が、「国家の体面を傷付けた」という理由で、地元の役人から五〇万円近い罰金を取られるケースもある（ベトナムはベトナム共産党の一党独裁国家であり、強権的な政治のありかたは中国とさほど変わらない）。

借金を返し切り、五年間の実習期間を勤め上げなければ人生が破綻《はたん》する。お金を稼ぐ以前に借金のために働いていると言ってもいい。これは悪質な送り出し機関や受け入れ先企業に捕まってしまった技能実習生が、共通して直面する境遇だ。

ＴＴＫの話を先に書いたが、もちろんハンムラ社の待遇もひどかった。

ハーやリエンは出国前、送り出し機関のフューチャーリンクから「月給一二万八〇〇〇円

（雑費を抜いて八万八〇〇〇円）」「一日八時間の定時の労働」という説明を受けていた。だが、ハンムラ社での月給は平均しても七万円程度しかもらえなかった。

最も薄給のときは、リエンは月給三万三〇〇〇円、ダオとヅアンも月給五万円程度である。さらにハーの場合は、なんと月給が一万数千円のときすらあった。

この異常な低賃金は、会社側が広島県や山口県の高校の食堂に彼女らを派遣して弁当作りや掃除・洗い物などに従事させ、ほぼフルタイムで職場に拘束していたにもかかわらず、食堂に客が来る昼食・夕食時のぶんしか時給を払っていなかったことが一因だ。加えて岡谷によると、一室の家賃が三万円の寮に彼女ら三人を住まわせながら、一人あたり三万円の家賃を給料から天引きしていたという。だが、技能実習生は副業が許されていないので、リエンたちは空き時間にアルバイトをすることもできなかった。ＴＴＫのような悪質な監理団体のもとでは、職場を変えることも不可能だ。

またハーや岡谷の証言によると、ハーと別のベトナム人技能実習生二人がハンムラ社の社長から飲み会の席に呼ばれ、マッサージを要求されるようなセクハラも受けていた。岡谷は話す。

「社長はこの子らに『お前らはベトナムで借金背負いまくったから、国に帰っても売春婦をするしかない』『文句があるなら強制帰国させるぞ』とまで言うてましたよ」

結果、ハーともう一人の技能実習生の二人が逃亡した。

ハーはその後、斉藤らの支援者を得てハンムラ社を訴えて未払い賃金の一部を支払わせたが、もう一人はボドイ（不法就労者）になったとみられている。また、処遇に不満を持って反抗的な姿勢をとった別の三人の技能実習生は、借金を抱えた状態にもかかわらずＴＴＫによって強制帰国させられた。

その後、次の実習先が決まるまでの二ヶ月間、残ったリエンたちがＴＴＫに軟禁されていたことはすでに書いた。彼女らの新しい受け入れ先企業が決まったのは、二〇一七年一〇月だ。彼女らは口々に言う。

「あさ九ジからよる八ジまで、ずっと、キャベツきります。それ、いまのしごと」

現在の月給は額面で一八万～一九万円、寮費や光熱費を引いたうえでの手取りは一三万円程度だ。外国人技能実習生としては悪くない収入を得られるようになったが、それでも薄給である。

「わたしたち、おかねのため、にほんきた。がっかりしています」

「ときどき、にげたい。でも、ベトナムに、かぞくいる。しゃっきんある」

ハーのように法的な手段に出る気はないのだろうか。そう尋ねると、彼女らは口々に「むり」「こわい」と言い、やがてベトナム語で騒ぎはじめ、ほとんどパニック状態になった。

怯えるのも仕方ないだろう。法廷は一般的な日本の社会人にとってもハードルが高い。いわんやリエンたちは、二〇歳そこそこの女性で日本語も充分にできず、日本人支援者も存在しない。岡谷は一見すると「味方」に思えるが、実は彼自身も技能実習生ビジネスに一枚噛《か》もうとしており、やはり食えない人物だ（後日の話だが、やがて岡谷はＴＴＫを顧客にして別の技能実習生関連ビジネスに携わるようになった）。

「いつものやつ、言うんじゃ」

帰り際、岡谷がガストの駐車場で言うと、リエンたちが突然大きな声で叫んだ。

「かぞくのため！　ゆめのため！　みらいのため！　がんばります」

うんざりするような上滑りのスローガンだった。だが、この虚構を否定してしまえば、リエンたちの日本での苦労はすべて無駄なものになる。

言いようのない思いを抱きながら、私は彼女らが乗るタクシーを送り出した。

難民二世は監理団体で働く

ハンムラ社の事例からしばらく離れて、在日ベトナム人や技能実習制度をとりまく関係者の声も追っていこう。

「悪い制度だとは思いませんよ。そうじゃなければ、年間に何十万人もの技能実習生がこの制度を通じて日本へ学びに来るはずがない。マスコミの報道は、悪質な一部の例だけ切り取って騒いでいるだけだと思うんですよね」

二〇一八年一一月二一日。高田馬場《たかだのばば》のベトナム料理屋で会った二八歳の男性はそう話した。関東地方のある監理団体に勤務して四年目だ。

「でも、給料が安すぎませんか」

「確かに安い。地方では最低賃金が時給七〇〇円台です。でも、ベトナム本国よりはずっとお金になりますよ。それに事業者側の負担額を考えれば、技能実習生の受け入れには家賃や監理費用なんかも負担しないといけない。日本人の中卒の子を雇うよりも、高くつくんじゃないかな」

彼はあくまでも技能実習制度を擁護する。就労を選ぶ「中卒の子」という、日本の中学校卒業者全体の〇・二%しか存在しないレアな労働者を比較対象に持ち出すのは説得力が弱いように思うのだが、当事者はそういった論理で納得しているのだ。

彼の名前はタイン(仮名)。日本生まれ日本育ちのベトナム系無国籍者だ。第二章に登場したチーと同じく、インドシナ難民の二世である。

一九八〇年代、タインの両親は難民たちの日本定住支援施設である品川《しながわ》の国際救援センターを経て千葉県内に住み、彼を生んだ。やがてタインは日本国内で大学を卒業後、いったんベトナムの現地企業に就職したが肌に合わず、日本国内で語学力が活かせる技能実習生の監理団体に転職した。

「タインさんの監理団体が担当した技能実習生のなかで、逃亡した人はいましたか？」

「翌週に帰国する予定のベトナム人が逃げたことがあります。逃げるのは、日本での不法就労でカネを稼ぎたいと思っている人たちなんですよ。逃亡して不法就労者になれば、技能実習生とは違って社会保険料なんかが給料から天引きされなくなって、手取り金額が増える。SNS上に不良ベトナム人たちのグループがあって、彼らはそういう組織に騙《だま》されちゃうんです」

第二章に登場したボドイたちの事例を考えれば、タインの話は間違っているとは言えない。だが、広島のリエンたちのようなケースもあるはずだろう。

ただ、話の内容はともかくとすれば、タインは南国の血を感じさせる快活な性格の若者だった。彼は良くも悪くも、自社や業界の方針に異議を唱えず従う日本の社会人としての責任感を発揮して、監理団体と技能実習制度を擁護していたのだ。

「多くの技能実習生が、ベトナム国内で多額の借金を抱えていることはどう思いますか？これが逃亡の原因にもなっていると見られます」

「監理団体は彼らの母国での借金については把握していないんです。僕たちにはよくわからない」

「技能実習生が来日後に『条件が違う』と抗議する例も多いみたいですが」

「それはちょっと違うんじゃないかなあと思う。送り出し機関が事前に充分な情報を伝えなかったか、技能実習生がきっちり理解していなかったかですよ。監理団体ばかりを悪者にするのは違和感があるな」

確かに監理団体だけが悪いわけではない。外国人技能実習制度は全体的な制度設計それ自体に欠陥があるので、送り出し機関・監理団体・受け入れ先企業の三者のいずれにも悪質な業者が入り込みやすく、問題の責任の所在がよくわからないからだ。

しかも、悪者の存在は同業者の目にも見えにくい。タインは言う。

「監理団体が技能実習生からパスポートを取り上げるなんて信じられないですよ。そんなことあるわけがない。ニュースに出てくるようなひどい話は考えられません」

「とはいえ、広島県のＴＴＫはパスポートの取り上げもやっていたみたいです。ほかに、技能実習生が職場で足を粉砕骨折したり、職場の寮の日本人社員が女性技能実習生を盗撮したことがわかっても、受け入れ先企業側の肩を持って技能実習生側の訴えを無視する監理団体（第五章参照）もあります」

「まあ、監理団体同士のヨコのつながりは薄いんです。技能実習生の技能試験の会場で出会うくらいしか、他の団体との接触はない。ウチの組合はまともなほうだと思うけれど、他の団体がなにをやっているかわからないのは、そりゃあ確かかもしれない」

技能実習生問題の特徴のひとつは、関係者たちが他の同業者の状況をまったく知らないことだ。ここまで出てきたフューチャーリンクやＴＴＫ・ハンムラ社のように、技能実習生がらみで本当にひどいことをやっている業者はメディアの取材にほぼ応じない。電話を掛けて「ガチャ切り」されるのはまだいいほうで、計画倒産や頻繁な社名変更などによって、現在の社屋の場所を特定することすら大変なこともある。

タインのように、たとえ匿名でも真面目に取材に応じてくれる関係者がいる時点で、彼が勤務する監理団体は業界の内部ではかなり「まとも」な組織なのだ。

「でも、悪い業者はごく一部じゃないのかな。僕は知りません」

そして、人間はしばしば自分の身近な環境からものごとの全体像を判断する。加えて日本の社会人の場合は、そんな判断にもとづいて自分が属する組織や業界の全体を弁護する傾向がある。

たとえば、テレビ報道などで特定の地域や業種（たとえば愛媛県今治《いまばり》市の縫製業）の技能実習生問題が批判された際に、関係者を名乗る人物がツイッター（現「Ｘ」）やフェイスブックに登場して「そんな話は聞いたことがない」と熱心に反論する例が少なからずある。だが、ニュース報道をチェックしてSNSで意見表明をするような社員が所属している時点で、その会社はある程度までは現代的な価値観を持っている組織であり、そこそこ普通の会社である可能性が高い。

信じがたいほどの悪質な問題は「まとも」ではない組織でこそ起きる。

カネを払えば「いい仕事」が得られる文化

「日本は人手が足りない、発展途上国は労働者を送り出したがっている。需給のバランスは合っているし、外国人技能実習制度の理念それ自体は間違っていなかったと思う。ただし実態としては『よくない』。制度設計が個々の関係者の良心頼りで、国際貢献や『人づくり』といったタテマエは完全に名目上のものになっている。破綻した制度だと感じますね」

二〇一九年六月にハノイ市内で会った、現地の送り出し機関で勤務する伊沢《いざわ》（仮名）はそう言い切った。

伊沢は大学卒業後に関西地方の会社に就職したが激務に疲れ、「ベトナムとフィリピンのどっちでもいいけれど」海外で働きたくなって日本を離れた。取材時点で三三歳で、現地への渡航後に知り合ったベトナム人の妻と結ばれ、子どもが一人いる。彼は疑問を抱きながらも技能実習生業界で働き続けており、五年間のベトナム生活で四社の送り出し機関を渡り歩いてきた。日本語ができる人間の職場として、技能実習生の送り出し機関は需要が多いのだ。

「送り出し機関から『実習生のレクリエーション代』といった名目で、本来は技能実習法で禁止されている一〇万～一五万円程度のキックバックを受け取る監理団体がいまだに存在します。逆に送り出し機関の側からキックバックを申し出ている例もありますね。現在の制度のもとで、この業界をクリーンにするのは無理ですよ。真面目にルールを守るほうが損をする風潮が根強すぎる」

送り出し機関は、技能実習生から高額の手数料を徴収することでも知られる。

いちおう、日本はベトナム・中国などの送り出し各国と二国間の取り決めを結んでおり、たとえば、ベトナムの場合は送り出し機関が徴収する手数料の上限は三六〇〇ドル（約三八万円）。逃亡の防止を目的とした、実習生からの保証金徴収の禁止も定められている。

だが、実態としてそんなルールはまったく遵守されていない。

「うちの会社の場合、手数料の三六〇〇ドルのほかに、研修期間中の日本語学習の学費と教材費、寮費と光熱費、健康診断費用などで二一〇〇ドル（約二二万円）を個々の技能実習生から徴収しています。ただ、同業者の相場は八〇万円から一〇〇万円近く取るところもありますから、うちはまだしも良心的なほうです」

ベトナムで約六〇万円は決して安くない金額だが、伊沢の勤務先は、それでも相対的に「まとも」なのだ。

しかし、不思議なことがある。技能実習生から見て、送り出し機関は日本渡航の斡旋と事前研修というサービスを提供する民間業者であるはずだ。提供するサービスの質が変わらないにもかかわらず、なぜ悪質な業者の市場淘汰《とうた》が働かないのか。

「技能実習生になるのは、ベトナムのなかでも貧しくて情報感度が低い人たち。彼らは自分自身で送り出し機関を探さず、『日本で働けば儲《もう》かる』と声をかけてきたブローカーから紹介された機関を利用するんです。言葉は悪いですが、ものを考える文化があまりないというか……」

伊沢に尋ねると、こんな答えがきた。

伊沢が言う「情報感度が低い層」とは、つまり論理的に思考する習慣が身につく教育を受けられなかった社会階層の人たちだ。

これは、フューチャーリンクと直談判に行っても無言で突っ立っていたハーや、ナイフとフォークの使い方を知らなかったリエンの姿からも想像がつく。加えてベトナムは共産党の一党独裁体制下にあるうえ、中国よりも現代化が遅れていることから、教育のなかで自由な発想を持つことを重視しない傾向がより強い。

さらに別の要因もある。賄賂《わいろ》社会であるベトナムでは、好条件の仕事のポストに就くために、関係者に相応の「袖《そで》の下」を渡す習慣が定着していることだ。

現地で聞いた話では、たとえばベトナムで大学教授や大手紙の記者といった「いい仕事」に就く場合の賄賂の相場は、日本円で一五〇万円程度だという。こうした傾向は、一九五〇年代から社会主義体制にある旧北ベトナム地域により濃厚に残っている。伊沢は話す。

「技能実習生希望者から『こんなに安くて本当に日本に行って働けるのか？』と逆に尋ねられたことがありますよ。安いと逆に信用してもらえないという、ヘンな話です」

良いポストはカネで買う文化の社会において、六〇万円と一〇〇万円の手数料を取る送り出し機関が並んでいた場合、「情報感度が低い層」のベトナム人は後者のほうが「いい仕事」を紹介できる能力を持っていると誤解する。一〇〇万円もの手数料を支払って得られる日本の仕事ならば、必ずそれ以上のリターンがあるに違いないと勘違いしてしまうのだ。

悪質な送り出し機関は、そんなベトナム人の誤解のお陰で淘汰されずに残っているのである。さらに伊沢は続ける。

「技能実習生の、変なスパイラルがあるんですよ」

外国人技能実習制度は本来、発展途上国の若者の「人づくり」を支援する国際貢献事業だとされる。だが、ベトナム人の技能実習生たちは日本での「実習」を終えて帰国した後にどんな仕事に就くのか。

「送り出し機関に勤務する人が多いんです。日本語がヘタなら技能実習生のスカウトをやって、N3レベルの日本語ができれば日本語研修の先生。それよりも日本語が上手《うま》ければ通訳です」

日本語能力試験は二〇一〇年に評価基準が改定され、N3は旧試験でいう二級と三級の間くらいだ。単純な比較はできないが、英検準二級（TOEIC四〇〇点程度）の人がワーキングホリデー希望者に英語を教えるようなものである。

「多少は日本語ができたところで、日系企業の現地採用社員の給料は安い。技能実習生ビジネスに一枚嚙むほうがお金になるわけですよ。それに、過去の本人が『やられる側』だったので、帰国後は『やる側』に回りたいという考えもあるのかもしれない」

技術のかわりに、ウソと搾取の利権構造を輸出しているようなものだ。

そして、搾取される側だった外国人労働者は、やがて同胞を「喰《く》う」側に容易に回る。

中国人・ベトナム人が同胞を喰う草刈場

「……まあ、いい制度なんじゃないっすか？　ベトナムは後《おく》れている国だし、日本の技術を学べる。お金ももらえる」

　二〇一七年一一月、広島市内。気のない様子でそう話したのは、県内の監理団体に勤務するグエンという姓の在日ベトナム人、当時三二歳だった。くだけた口語の日本語はかなり流《りゅう》暢《ちょう》で、地頭がよく、すばしっこそうな印象を受ける男性である。

　彼はもともと偽装留学生だったようだ。現在、かなり年上の日本人女性の「妻」がいるが、夫婦関係の実態はほぼない。どうやら留学ビザが切れる前に、偽装結婚によって日本に滞在し続ける資格を得たらしい。

　難民二世のタインもそうだったが、実は外国人技能実習制度は、送り出し機関や監理団体など制度側の職場に属しているベトナム人ほど肯定的な意見を口にしがちである。

「でも、『日本の技術を学べる』とはいいますが、グエンさんの監理団体が斡旋している技能実習生には、駅弁の箱詰め作業をおこなっている人もいますよね」

「はい。いますよ」

「駅弁の箱詰めって、何年も日本に滞在して習得するような『技術』なんでしょうか？　ホカ弁で一週間バイトをやればコツがつかめそうな気がしますが」

「うーん……。それはまあ、日本の丁寧な箱詰めの仕方とか、日本ならではの衛生管理とか。本人が学ぶ気になれば、いろいろあるんじゃないっすか」

取材に応じてくれている時点で、彼はこの業界の関係者としては比較的良心的な人物である。しかし、こうした主張を詭弁《きべん》と言わずなんと言うべきか。

加えて日本育ちの無邪気なタインとは異なり、グエンは制度の深い闇を知った上で開き直っているような気配があった。「うちの組合の技能実習生は、だいたいはいい場所で働いてるっすよ」と話す彼に尋ねてみる。

「とはいえ、いろんな仕事があるでしょう。グエンさんが現場で働く側だった場合に、いちばんしんどそうだと感じるのはどういう職場ですか？」

「ああ、僕が働く場合か。それは、どうだろう……」

意外にも、グエンが真面目な顔で考え込んだ。日本生まれの大卒者であるチーやタインとは違い、出稼ぎ外国人労働者から成り上がったグエンは、もともとは技能実習生とかなり近い社会階層の出身である。思うところがあったらしい。

「……カキウチ。ですかね」

漢字で書くと「牡蠣《かき》打ち」。広島県の名産品である牡蠣のカラを打ち割る作業だ。それだけでも重労働なのだが、牡蠣養殖業者の仕事は全体的にしんどいという。

「冬場の朝四時から冷たい海に浸かって、養殖牡蠣のヒモを引っ張って収穫作業っすよ。その後は延々と貝のカラ剝《む》きです。しかも給料はかなり安い。僕はあれだけは、頼まれたって絶対にやりたくない」

広島の牡蠣養殖業者には同族経営や家族経営も多い。伝統的かつ閉鎖的な職場であるため か、外国人技能実習生とのトラブルも多くなりがちだ。二〇一三年三月一四日には、牡蠣養殖などをおこなっていた広島県江田島《えたじま》市の水産加工会社・川口水産で、当時三〇歳の中国人技能実習生・陳双喜《チエンシュアンシイ》が社長ら二人を撲殺、さらに従業員ら七人に重軽傷を負わせる凄惨《せいさん》な事件を起こしている。

その後の広島地裁の判決では、技能実習制度の問題点と陳の犯行動機は無関係であるとされ、陳が控訴しなかったため無期懲役刑が確定した。また私が現場に近い筋から調べた限りでも、殺された社長に人望があったことや、犯人に精神疾患があった可能性を耳にした。

ただ、広島地裁の判決文のなかで、陳が言葉の壁や低賃金ゆえに不満を募らせていたことは認定されている。江田島は国道を通じて本州とつながっているものの、島内から陸路で外に出る道は一本だけであり、逃亡して黒工《ヘイゴン》（不法就労者。中国版の「ボドイ」である）になることは容易ではない。心身のストレスが大きく逃げ場のない職場環境が、惨劇の要因になったことは想像に難くない。

「……まあ、そりゃあ。カキウチの事業主が技能実習生を海へ蹴飛《けと》ばしたとか、『ベトナム人は馬鹿だ』みたいな暴言を吐いたっていう報告は、うちの組合にも入ってきてますよ」

かつて中国人が社長を殴り殺すほど不満を募らせていた伝統産業の現場では、いまやベトナム人の技能実習生が働くようになった。そこに同胞を斡旋するのがグエンの仕事だ。

留学や技能実習制度を隠れ蓑《みの》に、外国人が外国人を喰う話の最たる例も紹介しよう。同じ広島県内で、過去にハーやリエンを痛めつけていたＴＴＫは、監理団体のほかに日本語学校も経営している。もっとも、事実上は偽装留学用の施設だという噂が絶えない。実は、この組合の経営者は日本に帰化した中国東北部出身の華人で、従業員も帰化した日系華人が多い。他にも第五章で登場する日中交流アシストのように、経営者の中国人配偶者やその親族が仕切っている監理団体やその下請け業者は少なからず存在する。

もともと、技能実習生は国籍別では中国人が最多である時期が長く続き、ピークの二〇一二年には全体の約四分の三を占めていた。だが、その後は中国の経済発展とともに減少の一途をたどり、現在では国籍別人数でもベトナム人が最多となった。そして、豊かになった中国人の多くは、いまや搾取する側に回っている。

「確かに『中国系』の組合に悪いやつはかなり多いっすよ」

グエンは話す。

これは別の機会に話を聞いたハンムラ社の元部長・岡谷も同意見だった。

「ただ、中国系の悪いやつは確かに多いけど、それだけじゃなくどこも悪い。ヤクザや不良みたいのが、よく噛んどるんよ。わしが知っとるのでも『ベトナム人は臭い』『フィリピン人は臭い』と言いながら向こうに行くたびあっちの女と遊んでいる、自称・元ホストがやっている組合がある。あそこは職場で技能実習生が殴られても完全に無視じゃから。他にも似たようなひどい組合があるけど、そこは経営者の嫁さんが元技能実習生のベトナム人なんよね」

エラーが多い制度は、その矛盾に付け込むことができれば通常よりも大きな利益を得られる。外国人技能実習制度の現場は、中国人やベトナム人が同胞を「喰う」草刈場でもある。

技能実習生が暮らす村に行く

——そろそろ、話を二〇一九年六月のベトナムに戻そう。

私は元技能実習生・ハーの故郷を訪ねるため、中国語通訳のホアといっしょに中越国境のモンカイに向かっていた。

事前に心配した通り、夜行バスは寝苦しかった。

車内は乾燥しており、乗車時に配られる小さなペットボトルだけでは喉《のど》が渇くが、発車直前に駆け込んだので手持ちの水はない。出発前、ハーのボーイフレンドを含めた四人で食事をしていたところ、時間がぎりぎりになったのだ。ちなみにこのボーイフレンドは自分が大学院生だと自己紹介したのに、なぜか英語を一言も話せなかった。

車内の座席は日本ではあまり見ない寝台型で、走行中は横になれる。ただ、山道を走るせいで車体の揺れがひどく、普段は車酔いをしない私でも気持ちが悪くなった。事前の噂の通り、無料のＷｉ‐Ｆｉが飛んでいるので現在どこを走っているかはスマホで確認できるものの、バスはカーブが多い田舎道をゆっくり動くばかりだ。地図アプリを眺めているとかえってうんざりしてしまう。

六月二五日の早朝にモンカイに到着したときには三人ともへろへろに疲れており、ハーはタクシーで故郷の村へ、私とホアは市内のホテルに向かった。中朝国境の街だけにレセプションでは中国語が完璧《かんぺき》に通じ、人民元の支払いも可能だったが、もはや驚くだけの元気が残っていない。それぞれの部屋に入って倒れ込むように仮眠を取った。

午前一一時、ロビーでホアと再合流してタクシーに乗り、ハーの家族が住む実家を目指す。

ベトナムは過去に漢字文化圏だった国なのでもともと街並みが中国っぽいのだが、モンカイの街は他の街以上に中国的で、漢字の看板も多かった。中国商品を扱う商店が目立ち、貿易で栄えている都市なのがわかる。

市内中心部からハーの実家までは車で三〇分ほどだった。最初は幹線道路を走っていたが、やがて農道に入り、途中からは未舗装になって車が進めなくなったので、最後は田んぼの畦《あぜ》道《みち》を歩いた。

日本では梅雨の時期だが、ベトナム北部の六月は暑季であり空はカラッと晴れている。周囲一帯の水田や草叢《くさむら》は、事前に予想したよりも南国的な雰囲気が薄かった。ベトナムの最東北部に位置するモンカイは温帯夏雨気候で、四季がある土地なのだ。

「ハーイ」

民家の前に黄色いTシャツを着たハーが立っていた。

田舎なので家は広いが、薄緑色に塗られた壁は色が剝《は》げている。案内されて玄関を入った場所に、薄暗いリビングがあった。ハノイなど都市部の一般家庭では靴を室内用スリッパに履き替えることが多いが、この家は屋内でも土足で入る習慣のようだ。

リビングの壁は汚れており、一家の先祖の写真と国父ホー・チ・ミンを祀《まつ》る祭壇、木製の粗末な机などがあるほかは、家具がほとんど見られない。ブラウン管製の小さなテレビは埃《ほこり》をかぶり、電源が入るのか不明だ。屋外では雑種の犬が何匹か放し飼いにされている。

室内にいたのはハーと母親と九歳の息子と、母親の姉妹だという親戚《しんせき》の女性、そして若い男性だった。最初はハーの弟かと思ったが、後にホアが聞いてみたところ、実は彼女のボーイフレンドらしい。もちろん昨晩ハノイで食事をともにしたのとは別の人物だ。

ハーの家族は両親ともに存命である。ただ、父親は酒を飲みすぎて心身を壊し、「話もまともにできない」状態だ。母は若いころにベトナム人民軍に加わった経歴があるものの、現在は働いていない。他にハーの九歳の息子もこちらの実家で育てられている。

現在ハノイで働いているハーは仕送りをしていないので、家計はモンカイ市内のスーパーに勤務する弟の月収五〇〇万ドン（約二万三〇〇〇円）に依存している。ハーを除く家族四人が、年収三〇万円足らずで暮らしているということだ。物価が安いベトナムであっても、かなり苦しい生活なのは間違いない。

昼なので、まずは食事になった。床にビニールシートを敷いたうえに車座になって食べる。中国の農村を訪ねた場合は、酒や食べ物を大量に勧められて逆に困ってしまうことも多いのだが、ハーの実家の人たちは私とホアに食事をほとんど勧めてこない――。というより、問いかけに回答する以外は、自宅を訪ねてきた私たちに対して驚くほど無関心だ。もっとも、自分のペースで食べられるのでこれは助かった。

食べながら、ホアの通訳を介して話を聞く。

「日本ではお金を稼げると聞いた。なので、裏の山の畑を担保にしたり、高利貸しから借りたりしてフューチャーリンクに払う金を作った」

ハーの実家のリビング。室内は薄暗かった

ハーの母親は、娘が技能実習生になったときの経緯をこう話す。

「私も娘に三〇〇〇万ドン（約一四万円）を貸した。だが、娘は日本からお金を持って帰ってこなかった。失望した」

一家が外国人技能実習制度を知ったきっかけは、ハーの父がフューチャーリンクのラジオCMを聞いたことだった。ベトナムの田舎から見た日本は先進国であり、そんな国で働けるのならさぞお金が儲かるだろうと思ったそうだ。

「健気な弱者」になれない人々

「ハーさんはフューチャーリンクに、他の技能実習生よりも一・五倍以上も多いお金（約一五〇万円）を払っていますよね。これほど多額の手数料や保証金を払ってまで日本に働きにいくことは、割に合うと考えましたか？」

ハーに尋ねると、彼女は「そんなに多くのカネが必要だと思わなかった」と答えた。

フューチャーリンクは広告のなかで、手数料を一億八〇〇〇万ドン（約八三万円）だとうたっていたが、ハーは竹の子の皮を剝ぐように追加費用を断続的に求められ、結果的に二倍近い金額を支払った。だが、ハーは言う。

「前回は悪い会社に騙されたけれど、騙されなければちゃんと稼げると思う。だからまた日本に行きたい」

「ここは中国と近いですよね。日本語を学んで海の向こうの日本で働くよりも、中国語を勉強して中国相手の商売をしたほうがよくないですか？」

「お金にならないと思う。日本の給料は高いはず」

本当にそうか。事実としてハーは日本に行ってお金を稼げなかったし、彼女よりは安い手数料で来日したであろう他のベトナム人技能実習生たちも、二〇一九年の一年間だけで八七九六人が逃亡してボドイになっている。彼らの失踪の理由の大部分は低賃金だ。

なにより、ハー自身がすでに痛い目を見ている。リスクを冒してもリターンが得られるかどうかわからない、日本での仕事に夢を託すよりも、首都のハノイで普通に働いたほうが合理的ではないか。しかも、それなら子どもを実家に預けなくても済む。

「私は日本に長く滞在したので、日本の社会に慣れている。日本で働きたい」

「どうやって日本に行くんですか」

「次は留学生になる。日本に住んで、子どもを日本に呼ぶ」

「留学生になるのもお金がいります。フューチャーリンクの件で借金もあるでしょう？」

「なんとかできるようがんばる。○○さんや××さんが支援してくれるから大丈夫。私を支援してほしい」

先日、フューチャーリンクの社屋内での一件があった後と同じセリフだ。

「がんばることが必要。日本で働くために日本語の勉強もがんばらなくてはいけない」

だが、ハーは逃亡後の時期を合わせて約二年二ヶ月間も日本にいたにもかかわらず、現在も日本語がほとんど話せない。すこしでも通訳抜きで話をしようと思った私が「あなたは、日本に、ともだちがいますか」と日本語でゆっくり尋ねても、彼女は聞き取れなかったのだ。

ハーはほとんど日本語が話せないまま、子連れの日本移住を望んでいるが……

「……ホアさん、さっきのインタビューを聞いていて、どう思った？」

帰路の車内でホアに尋ねた。取材中の彼女は黙々と通訳をおこなっていたが、なんとなく思うところがありそうだったからだ。

「思想がよ、く、な、いです。もっと視野を広く持ったらいいのに。ハーさんが日本に行っても、成功する可能性は低いはずでしょう？」

「その通りです。専門的な技能や資産も、積極性も地頭のよさも持っているとは言えない、日本語も話せない外国人が、日本で成功することは困難です。日本に限らず、アメリカでも中国でも同様ですが」

物言いがきついのは私とホアの性格もあるが、なにより中国語で会話しているからだ。特に日本人とベトナム人の場合、お堅い漢語表現のほうが、それぞれの母語の語彙《ごい》との共通点が多い。込み入った話になるほど表現が漢語だらけになり、社会主義チックな語彙が混じる。

「彼女が現在よりも生活を安定させる方法は、よく考えさえすれば、数多くある。ハーさんはもっと現実的な解決策を検討したほうがいいと思います」

現実は残酷だ。同じ年齢のシングルマザーのベトナム人女性でも、大卒で中国語ができるホアは「現実的な解決策」を思いつく知識と思考の柔軟性があるので、日本企業の現地採用社員を辞めて中国人向けの民泊を経営している。

しかも、ホアは日本語もすこし話せる。中国語の片手間で手を出しただけにもかかわらず、実は二年以上も日本で暮らしたハーより、発音も文法もずっと正確なのだ。しかしホアは言う。

「日本語を勉強して仕事に役立つことはほとんどないんですよ。いっぽうで中国語は、ちゃんと仕事になる。私は中国の体制は好きじゃないけれど、中国人と商売するから生活できるし、息子と一緒に暮らして、自宅で彼を育てられる」

ハノイで送り出し機関に勤務している伊沢が、ベトナム人の技能実習生希望者たちを「情報感度が低い層」と呼んでいたのを思い出した。すなわち、「〝低度〟外国人材」の定義に多くの部分で合致する人たちだ。

貧富の格差、教育格差、地方格差、家庭環境の格差――。現在の日本に技能実習生や偽装留学生として来ようと考えるベトナム人の多くは、母国の社会構造のなかで劣位にある階層の出身者が多い。彼らはブローカーや送り出し機関に多額の費用をむしり取られて日本に向かう。もちろん、日本で成功して故郷に家を建てるような人もゼロではないが、あくまでもレアケースだ。

彼らにとっての日本行きは、賭《と》博《ばく》漫画の『カイジ』さながら、人生の一発逆転を賭《か》けたギャンブルである。ただしギャンブルとして見た場合でも、複数の胴元による「中抜き」が多く、若い人生の数年間と多額の費用を賭する割には期待値が低い。

彼らの周囲には制度の維持に積極的に協力している在日ベトナム人や、ブローカーや悪質な送り出し機関など、ベトナム社会の腐敗と搾取の構造が存在している。日本政府が舞台を作り上げ、日中越など各国の有象無象の利権屋が集まった理不尽な賭場に、ベトナムの持たざる人々がはまり込んでいく構図である。

だが、いっぽうで取材を進めるなかで見えてくる「〝低度〟外国人材」たちの姿は、良心的な日本人にとって望ましい形の、かわいそうな外国人労働者のステレオタイプな鋳型《いがた》には必ずしも嵌《は》まってくれない。

彼らや彼女らは驚くほど怠惰だったり、みずから望んでボドイになったり、逆に被搾取者としての「喰われる」立場から「喰う」立場に回ろうとしたりすることも多々あるからだ。ハーについても、実は私の取材とは別個にさる新聞社も取材をおこなっていたのだが、掲載された記事を読むと、彼女をなんとかして「健気な弱者」として描くべく、相当な苦心惨憺《さんたん》をした様子が見て取れた。

技能実習生や偽装留学生・ボドイの問題は、いざ調べはじめると関係者が全員「ろくでもない」という構図にしばしば直面する。日本もベトナムも、送り出し機関も監理団体も実習先企業も、技能実習生本人も、全員がどうしようもないのだ。この仕組みには、日本人はもちろんのこと、在日中国人や在日ベトナム人も一枚嚙んでおり、東アジア規模での巨大な合成の誤謬《ごびゅう》を作り上げている。

翌日、私はベトナムの言論の自由と、香港デモ問題と六四天安門事件と、今後の民泊経営の方針とベトナム人の子育て論についてホアの話に耳を傾けながらハノイへの帰路をたどった。

人口約九五〇〇万人のベトナムには、本来は優秀な人材がたくさんいる。だが、たとえばホアについては、日本企業は彼女をいちどは惹《ひ》きつけたのに充分な待遇を与えられず、逆に見切りをつけられてしまった。

もちろん、経済格差だけを理由に日本への移住を望む外国人がいてもいい。また、上に政策あれば下に対策ありのバイタリティをもって、日本のシステムをハックして儲ける外国人も、社会に刺激を与えるうえではある程度までは存在したほうがいいかもしれない。

ただ、より優秀でクリーンな層の人たちからも、住んだり働いたりしたいと思われる国でなければ、今後もっと移民社会化が進んでいく日本の未来は、決して明るくあるまい。

複雑な思いで車窓からの景色を眺めているうちに、遠くにハノイの灯《ひ》が見えはじめた。

第五章

「現代の奴隷」になれない中国人

——稼げない日本に見切りをつけるとき

扉写真　一服しながら話す技能実習生、祁春哲

殺伐とした部屋のなかで

かすかに黴《かび》の臭いがする。もとは白い壁だった建物の外壁には、黄土色の染みが何筋もの帯を作り、さらに全体的に煤《すす》けた雰囲気があった。私たちはそんな建物の、無機質なコンクリート造りの屋外階段を上っていた。

「前に孤独死した人の部屋を集中して取材したことがあったんですよ。ここ、すごくそれに通じる雰囲気を感じるなあ……」

やがて三階の廊下で、郡山総一郎《こおりやまそういちろう》がそうつぶやいた。カメラマンの彼は数年前、孤独死者の部屋を数十軒以上も撮影する取材をおこなったことがあるのだ。

二〇一八年三月一五日の午後だった。静岡県富士《ふじ》市にある、築三九年のみすぼらしいアパートの一室が、祁春哲《チイチユンヂエ》が籍を置く鉄工会社の技能実習生寮として使われているのだ。屋外廊下から、早春の西陽《にしび》のなかに浮かぶ巨大な富士山が見える点が、殺伐とした雰囲気のなかで唯一、心にうるおいを与えてくれた。

「なかに入ってよ。もともと技能実習生三人で住んでいたけれど、彼らは先に帰国しちゃったから、いまは僕一人なんだ」

ドアの鍵《かぎ》を開けた祁春哲が中国語で話す。彼は右足を不自由そうに動かして靴を脱ぎながら、先に室内に入って私たちを招き入れた。

昭和五〇年代からタイムスリップしたような部屋は、アパートの外観から受ける印象をまったく裏切らない。染みの多い壁と埃《ほこり》が積もった古い冷蔵庫、スリッパの底が油でベタベタと貼り付く床は、当時二六歳の独身男性の住み家であることを差し引いても、あまりにも清潔感に欠けていた。

大きなテーブルが中央に据えられた台所兼食堂（ダイニング・キッチンよりも「台所兼食堂」のほうがしっくりくる）と、さらに二つの畳部屋がある住居の専有面積は、目算で五〇平米くらいだ。ただ、家具や荷物がほとんどないせいで余計に荒《すさ》んだ印象を与えた。

玄関から見て台所の左奥にある畳部屋が、祁春哲の寝室である。

安物の木製ベッドの枕元に置かれた方形のちゃぶ台の上には、飲みかけのペットボトル入りコーヒーと、「一箱の単価が安いから」彼が愛飲している旧三級品タバコの「わかば」。そして、部屋の雰囲気には似つかわしくない、純正品のライトニングケーブルに接続された最新型のｉＰａｄが置かれていた。

祁春哲はベッドに腰掛けて一服しながら、これまた五ヶ月前に発売されたばかりの最新モデルのｉＰｈｏｎｅをいじりはじめた。リリース直後に購入したお気に入りの一品だという。

「労災で月に一〇万円くらいカネが出ているから買ったんだ。事故の後は寮費もタダになったし。でも、日本国内で旅行に行ったりＩＴガジェットを買ったりしてカネを使いすぎて、三年間の貯金額はゼロになっちゃった」

紫煙を吐き出す彼に向けて郡山がレンズを向ける。ライターの私とカメラマンの郡山はこのとき、二〇一八年四月二四日号の『Ｎｅｗｓｗｅｅｋ日本版』の技能実習生特集の取材のために祁春哲を訪ねていたのであった。

採光が悪くうらぶれた雰囲気が漂う部屋は、「暗い写真」が得意だという郡山にとって、構図を作りやすいようだ。室内にシャッター音が断続的に響くなかで、祁春哲が口を開く。

「足を見てくれよ。いまでは一応、歩けるようになったけどさ」

そう言ってズボンをめくると、右足の踝《くるぶし》から膝《ひざ》までを覆うグロテスクな傷跡が現れた。さきほど、アパートの階段をそれなりにしっかりした足取りで上っていた様子や、常にｉＰｈｏｎｅを手放さず緊張感に欠けた若者言葉で喋《しゃべ》る彼の姿から、もしかしてケガは軽傷ではないのかと疑っていたが、負傷の深刻さは間違いないようだ。

祁春哲が原告として静岡地裁に提出した裁判文書によれば、去る二〇一六年一月二〇日、富士宮《ふじのみや》市内にある蓮海工業の技能実習生として働く彼は工場内での勤務中、落下した鉄骨に右足を潰《つぶ》された。

搬送先の病院での診断名は、右脛骨腓骨《けいこつひこつ》開放骨折と右膝蓋骨剥離《しつがいこつはくり》骨折および、前脛骨動脈・後脛骨動脈・腓骨動脈の各損傷。神経が断絶しかけており、事故当日に後脛骨動脈を吻《ふん》合《ごう》する緊急手術がおこなわれ、さらに後日になって何度かの手術が繰り返された。

その後、年齢が若いこともあってリハビリはまずまず順調に進んだ。だが、このケガによって彼は右足関節が曲がらなくなり、さらに大きな傷跡が残る後遺症を負うことになった。

文章を書き慣れていないのに理屈っぽい男

「技能実習生を探しているなら、この祁っていう子はどうかな？　彼は話したいことがたくさんあるみたいでね」

話は私たちが富士市を訪れた二週間前に始まる。新宿歌舞伎町の中華レストラン・湖南菜館の経営者である李小牧《りこまき》が、そう言ってスマホの画面を示したのだ。口調にすこしうんざりしたような気配があるのは、彼が祁春哲から大量のメッセージを送りつけられているためらしい。

「新宿案内人」を名乗る李小牧は、かつて歌舞伎町のアンダーグラウンドを紹介する書籍がベストセラーになった在日中国人の奇人である。二〇一四年に日本国籍を取得してから新宿区議会選に二度立候補したが、奮闘の甲斐《かい》なく落選続きだ。とはいえ近年、李小牧は在日中国人の間で兄貴肌の名士として認知されており、異国でトラブルに直面した人たちから相談事を持ちかけられることも多い。

そんな彼は二〇一八年二月、当時連載を担当していた『Newsweek日本版』ウェブ版のコラムで、岐阜県大垣《おおがき》市内の繊維企業で発生した中国人女子技能実習生への盗撮事件（後述）について告発記事を発表した。すると、日本中の中国人技能実習生から苦境を訴える連絡が殺到するようになった。

右足を引きずりながら富士市のアパートで暮らす祁春哲も、李小牧という「蜘蛛の糸」をつかむべく群がった一人である。私が見せてもらった二〇一八年二月二〇日付けの彼のメッセージは、たとえば以下のような内容だった。

僕は現在、すでにケガをしてから現在まで二年なんです！　去年五月二五日に訴訟に踏み切って、案件名は、損害賠償請求事件です！　実のところ僕はこれは加えて人権を侵害した事件だと思う！　中国人労働者への差別だ。

僕は現在、日本のとてもいい医師に治療してもらっていて僕は現在その病院で治療したくなくて、中国に帰国して治療したいが、なので労災保険の一時補償金に認定される必要がある。現在あちらの病院は僕に残りの手術をしたがっているが、僕はしたくないなぜなら手術にはとても長い時間がかかるから、だから認定が終わるほうが話が早い。

だから日本の労災の仕組みはすごく矛盾していて、僕を悩ませている。最初僕の足はもうすこしでなくなるところだった、一〇回の手術をしてやっと治療がなんとかなって現在のこんなふうになっているんだ！

一部、文意が通らず句読点の打ち方が不自然なのは、私が原文の特徴をあえてそのまま残して翻訳したからである。高専《ガオヂュアン》（日本の工業高校に相当）卒で当時二六歳のブルーカラーだという祁春哲は、長い文章を書き慣れていないらしい。だが、文章力はさておくとして、かなり理屈っぽい主張もおこなっている。

僕は近年ずっと日本政府は中国の青年を誘惑して日本に来させて苦工《ブラック労働》をさせていると思う！　加えて中国国内の送り出し機関は僕たちに詐欺のいい加減な手段を使って日本に行かせて低賃金労働をさせて、やらせるのはみんな3Kの労働で、僕たちは間違いなくどうしようもなく無力で、近年ずっと日本ではさまざまな研修生（筆者注・技能実習生のこと）がそういう目に遭っていて、日本政府はずっとこの社会現象を変えていない！僕はより多くの人と多くのマスコミやさまざまな有名人が僕を助けることができると思って、この事件に関心を持つ必要があると思う。

「……よくわかりませんが、彼はなんだか大変みたいですね」

「……ああ。よくわからないが大変なんだろう」

こんなハイテンションのメッセージが、短期間に何十通も延々と送られてきては李小牧もたまるまい。

さておき、私はカメラマンの郡山と一緒にこの話を取材してみることにした。三月一五日に静岡駅で祁春哲と合流し、彼の裁判を担当する弁護士と静岡市内で会ってから、富士市のアパートに向かったのである。

「技能実習制度がどういうものかもわかっていなかった」

「こういうことが起きたのは中国人労働者への差別だ。日本人が誰もやりたがらない汚くて危険な仕事を、日本人よりもずっと低い給料で中国人にやらせていたことも差別的だ。僕は人権を侵害されたので、維権《ウエイチユエン》のために戦うことにした」

殺風景な部屋で「わかば」の煙を吐き出しながら祁春哲は話す。

もっとも、剣呑《けんのん》な物言いにもかかわらず、彼はインタビュー中も相変わらずｉＰｈｏｎｅ

をのぞき込んでチャットの返信を打ち込んでいた。特に緊急の用件ではなく、地元の友人相手に普通の会話をしているだけらしい。現代の中国の若者は、日本人以上のスマホ中毒者ばかりだ。

ただ、彼が「維権（権利の擁護）」という単語を使ったのはすこし驚いた。これは二〇〇〇年代から中国で使われはじめた、市民の人権擁護や自由権の主張を意味する一種の政治的な新語なのだ。

中国では今世紀に入るころから、経済発展に伴って一般庶民の間でも財産権や環境権といった権利意識が強まり、特に胡錦濤《こきんとう》政権（二〇〇三〜二〇一三年）時代には「維権」が盛んに議論されるようになった。

これはともすれば政治の民主化や自由化にもつながりかねない考えであり、強権的な習近《しゅうきん》平《ぺい》政権の時代になった二〇一五年には中国全土で約三〇〇人の維権律士《リューシー》（人権派弁護士）や維権人士《レンシー》（人権活動家）が当局に拘束される「七〇九事件」も起きたのだが、いっぽう共産党体制に歯向かわない範囲で「維権」を主張する行為は現在でも悪いこととはみなされていない。多くは政府機関や大企業から理不尽な処置を受けた庶民や、土地を失った農民などが抗議をおこなうときにこれを口にする。

祁春哲は、「維権」という言葉が本来はらんでいた政治的な意味合いはなにも知らない。

中国の民主化運動や反体制運動にもまったく興味がない。ただ、とにかく彼には、庶民が政府や資本家に異議を申し立てるときはこの言葉を使えばいいという、漠然とした知識だけがあった。

「もともと『スラムダンク』や『ワンピース』が好きでさ。日本にいいイメージがあった」

遼寧省《りようねい》大連《ダーリエン》市出身の祁春哲は、父親が国有企業の元社員、母親が元教師という比較的恵まれた家庭環境で生まれ育った。姓と名前がちょっと変わっているので、遼寧省に多い満族《マンズウ》（満洲族《まんしゆう》）や朝鮮族《チヤオシエンズウ》かと思ったが、少なくとも戸籍上では漢民族のようだ。

「それで、なんで技能実習生になって日本に来たんですか？」

「カネのためだよ。それ以外にないって」

即答してから言葉を継ぐ。

「そもそも、僕は技能実習制度がどういうものかもわかっていなかったし、遼寧省では外国に出稼ぎに行くといえば『日本に行く』というイメージがある。そこになにか問題があるとは思わなかったんだ」

祁春哲の故郷は往年の満洲国があった場所だ（特に大連市は日露戦争後の一九〇五年から太平洋戦争の敗戦まで四〇年間も日本の統治下にあった）。ゆえに現在でも、日本語を学んだり日本へ留学や出稼ぎに向かったりする人が多い。

加えて中国東北部は古い体質の重工業系の国営企業が多く、経済的には後進地域だ。中国経済がまだ立ち遅れていた二〇〇〇年代までは、技能実習を含む日本への出稼ぎ行為はそれなりに旨味《うまみ》があった。たとえば私が面識がある遼寧省出身の四〇代の男性は、一五年ほど前に滋賀県東近江《ひがしおうみ》市の日本電気硝子株式会社の工場で技能実習生を経験した後、当時稼いだカネをもとに中国で会社を起こし、現在は日本へしょっちゅう観光旅行に来られるほどになっている。

だが、いまや日中間の経済的な格差は以前とは比較にならないほど縮小した。

祁春哲はそんな現代中国社会の若者である。

「日本に来る前は、南方の深圳《シエンヂエン》で塗装業をやっていたんだ。月給は七〇〇〇～八〇〇〇元(約一一万～一二万五〇〇〇円)ぐらいはあったね」

日本で長年続くデフレ経済と、中国国内の人件費の高騰によって、現在は手に職を持つ中国人が自国の大都会で働けば、日本の最低賃金を上回る月収を得ることも可能になった。

「大連の仲介《ヂョンジエ》(送り出し機関)にうまいことを言われて、騙《だま》されたんだよ。『先輩たちは三年間で三〇万～五〇万元(約四七〇万～七八〇万円)を稼いでいる』『稼いだカネで、帰国してからビジネスを始めるやつも多い』ってさ」

多額の借金を背負って悲壮な決意で出発した往年の先輩たちとは違い、祁春哲は出国前に準備する数万元の手数料を家族に支払ってもらった。現代の中国の若者らしく、苦労知らずの環境で育っているのだ。だが二〇一五年の春、彼が監理団体を経て放り込まれた富士宮市の蓮海工業では大きな受難が待っていた。

「日本に来てからは、騙されたと思った」

と、祁春哲は言う。

開放骨折でも救急車を呼ばれない

そもそも、蓮海工業は非常に問題が多い会社だった。

祁春哲の事故発生後の話だが、二〇一七年六月二一日にはオーバーステイの当時四八歳のタイ人男性を不法就労させたことで、会社の代表者が入管難民法違反（不法就労助長）の疑いで富士宮署に逮捕されている。祁春哲が働きはじめた当時、同社の技能実習生は彼を含めて三人おり、いずれも中国人だった。

「僕は出国前の契約では、日本で塗装作業を『実習』することになっていたのに、会社では自分ができないことをやらされたんだ」

「仕事なんだから、ときには未経験の作業もやるんじゃないですか？」

「いや、そういうレベルの話じゃない。フォークリフトの運転や、ヨウセツ（溶接）、タマカケ（玉掛け。クレーンへの物の掛け外し）なんかの作業だよ？　免許も資格も持っていないのに」

日本語の単語が混じる会話を聞いていた郡山が「それはかなりヤバいですね」と口を挟んだ。体力自慢の彼はガテン系の職場で働いた経験が豊富である。

調べてみると、日本でフォークリフトを用いた作業をおこなう場合、最大積載荷重一トン以上の車両操作については運転技能講習修了証という免許取得が必要だ（一トン未満でも講習受講の義務がある）。溶接や玉掛けも、いちばん初歩的な作業への従事を含めて講習の受講と資格取得が求められる。

だが、蓮海工業で働く祁春哲たち三人の中国人技能実習生は未講習・無資格のまま作業に従事させられ、社長もそのことを把握していた。管理者がおらず技能実習生だけで作業させられることすらあった。

「しかも、会社からヘルメットも支給されなかった。いまどきは中国国内でも、危険作業をするときはみんなヘルメットをかぶるのにさ。ありえないだろ？」

法令遵守意識や安全管理意識が欠如した工場で、重大事故の発生はもはや必然だった。

二〇一六年一月二〇日午後三時ごろ、同僚の中国人技能実習生が無資格でフォークリフトを操作して「H鋼《エイチこう》」と呼ばれる重量一～二トンの鉄鋼（長さ六～七メートル）を運搬しようとしたとき、運搬補助をおこなっていた祁春哲に向けてそれが落下したのだ。

祁春哲は避けようとしたが、背後や両脇にも他の鉄鋼が積み上げられており充分な逃げ場がなく、うつ伏せに倒れ込んだ右足の上にH鋼が落ちた。彼の足首は横に九〇度ねじれて開放骨折を起こし、複数の動脈を損傷。一時は右足の切断も覚悟するほどの重傷を負った。

「なのに、社長は警察も救急車も呼ばなかった。僕を自家用車に乗せて病院に連れて行ったんだ」

しかも、社長は「保険証がないと診療代が高くつく」という理由で、病院に直行せずにわざわざ富士市の実習生寮に立ち寄って、祁春哲の同僚に保険証を持ってこさせたという。

最初は近くの総合病院に運ばれたが、そちらの医師の手に余る状況だったので、当日中に設備がより整った静岡済生会総合病院へ再搬送されて緊急手術を受けた。いっぽう、蓮海工業の社長はそれぞれの病院で「塗装作業中の事故」「一〇〇キロの鉄板が落下した」と事実とは異なる事情説明をおこない、さらに労働基準監督署に対しても様々な虚偽の主張を繰り返した（なお、取材後にこれらについて同社に電話で見解を求めたが、担当者不在とのことで回答は得られなかった）。

祁春哲を担当する監理団体は長野県飯田《いいだ》市に講習センターを置く企業連合事業協同組合だったが、この企業連合事業協同組合と蓮海工業との間に入っている静岡県沼津《ぬまづ》市内の資本金三〇〇万円の有限会社・日中交流アシストが、実質的には監理業務を代行していた。いわば監理団体の二次受けだった。

「病院にいる僕のところには、そこが通訳をよこした」

日中交流アシストの日本人社長の妻は、中国人の元技能実習生だ。第四章で紹介した「外国人が外国人を喰《く》う」、外国人労働問題の周囲でよくある構図である。

「でも、通訳のレベルに問題はなかったですか？　医療通訳は日常会話の通訳とは違う専門的なスキルが必要ですよ」

私がそう尋ねたのは、以前に中国人富裕層の訪日医療ツーリズムの取材をした経験があったからだ。ともすれば患者の生命を左右しかねないため、医療通訳は薬品の名前や病名を正確に把握している必要がある。自分が過去に取材した、池袋《いけぶくろ》で在日中国人が経営していた医療ツーリズム・エージェントでは、なんと日本で医師免許を取得した中国人医師が専従の立場で通訳にあたっていた。

対して祁春哲の場合はどうだったか。通訳にやってきたのは、日中交流アシスト社長の妻の妹という、三〇代の中国人女性だった。

「医療どころか、普通の通訳もろくにできない人間だよ。僕が聞いても、日本語がヘタなやつだと思ったから。（母語の）中国語の言葉づかいからして粗野で、すごく態度が悪かったな」

後日になり、日中交流アシストの社長やこの通訳が、祁春哲の負傷の経緯について病院側に適当な話を吹き込み、責任逃れを図っていたことが判明している。

スマホで法テラスを検索した

その後、祁春哲は四ヶ月間ほど静岡済生会総合病院に入院した。

彼が覚えている限りでは、蓮海工業の社長は事故直後の二月に二回見舞いに来たきりで、監理団体である企業連合事業協同組合や日中交流アシストの関係者もほとんど訪ねて来なかった。労災なので治療費の負担こそなかったが、延々と一人で異国の病室暮らしを続けたという。

「入院生活は退屈だった。毎日スマホを触っていた。まだしもの救いは、日本の看護師さんがみんなかわいくて優しかったことかな。日本人は、うちの社長みたいにどうしようもない人間もいるんだけど、日本の女性はステキだ。将来結婚するなら日本人の女の子がいいな」

そう話す祁春哲は二〇一六年五月にいったん退院した。後遺症のため職場復帰はできなかったが、実習生寮にタダで居住することが可能になり、労災を理由に毎月一〇万円程度の補償も下りたため、通院とリハビリを続けながらひとまず暮らすことはできた。翌年七月から八月まで、福島県の郡山市にある別の病院に入院して再手術を受けている。

転院については、右足の修復のための手術は成功率が五分五分だと聞き、自分でネットを検索してもっとレベルの高い治療をおこなえる病院を探したという。中国人なので漢字が読めるとはいえ、ほとんど日本語ができない出稼ぎ外国人労働者としては驚異的な行動だ。現代中国の若者の平均的なＩＴスキルの高さを感じさせる。

結果、一時は歩行機能の回復すら危ぶまれた彼は、いまや長い距離を歩いたり自転車に乗ったりすることもできるようになった。もっとも、現在も跛行《はこう》の後遺症と、醜い傷跡が残っている。

「時間がたっぷりあったから、考える時間ができた。それで、自分がケガをした経緯は非常に理不尽だったと考えるようになったんだ」

リハビリと並行して、祁春哲は彼の言う「維権」運動を開始した。

取材当時、彼は蓮海工業を相手取り六二七万八九五六円の損害賠償を求める裁判を起こし、日中両国のマスメディアに問題を訴え続けていた。結果的に地元の『静岡新聞』やローカル局のニュース番組のほか、私が記事執筆を担当した『Newsweek日本版』でも実名で大きく取り上げられたため、この作戦はかなり成功した（『Newsweek日本版』の記事は英語圏にも翻訳された模様だ）。

祁春哲の弁護を担当したのは、静岡市内に事務所を構える小川秀世《おがわひでよ》弁護士だ。小川弁護士は、戦後最大級の冤罪《えんざい》事件ともいわれる袴田《はかまだ》事件の容疑者弁護を長年担当してきたベテランの人権派で、祁春哲に対しても着手金を請求せず、蓮海工業から賠償金を得られた場合のみ弁護費用をもらう──。という非常に優しい条件で受任している。

だが、日本語がろくにできずお金もほとんどない祁春哲が、どうやってこれほど適切な弁護士を見つけられたのか。第三章～第四章に登場したベトナム人のハーと違って、彼に日本人の支援者グループはいないのだ。

「スマホでいろいろ検索していたら、日本には『法テラス』という制度があって、低所得者なら無料で法律相談ができると知ったんだ。なので、さらに検索して富士市の国際交流ラウンジを調べてそこに行って、無料で中国語通訳をおこなってくれる人を紹介してもらった。それから通訳を伴って法テラスに行き、いちばん適切な弁護士を探し当てた」

結果、通訳を介して相談を受けた小川弁護士は彼の労災事故に義憤を抱いた。

事実、蓮海工業が技能実習の対象である塗装とは異なる作業に従事させたことは入管難民法違反だ。さらに、フォークリフト操作や玉掛け作業を無資格者・資格未受講者におこなわせたことは労働安全衛生法違反であり、作業工程は労働契約法上の安全配慮義務違反。加えて彼らは事故理由について、虚偽の報告書を富士労働基準監督署に提出している（資格内労働である塗装作業中の事故であると主張し、しかも労基署側からこの申告が認められた）。違反行為のオンパレードだったのだ。

受け入れ先企業を相手取った祁春哲の裁判は二〇一七年五月二五日からはじまり、私の取材後の二〇一九年六月に和解が成立している。裁判の途中で労災による後遺障害の認定を受けたことで請求金額がさらにハネ上がり、なんと蓮海工業が祁春哲に約一五〇〇万円もの賠償を支う形で決着した。

和解成立は静岡県内の新聞やテレビで詳しく報じられ、蓮海工業は強い社会的制裁を受けた。経営者の視点から見れば、格安の人件費で滅茶苦茶な労働を押し付けられる外国人を雇ったつもりが、結果的にずいぶん高くついたと言える。

幸福な中国の甘い男

個々人の判断力や情報リテラシーが向上した現在の中国人労働者は、スマホひとつが手元にあればこれだけの戦いができてしまう。そもそも、中国が豊かになってから成人した現代中国の若者は、感覚からして昔の中国人とは違っている。

「三月二二日に大連に帰るんだ」

取材の終盤、祁春哲はそう話した。帰国までに静岡市の小川弁護士に挨拶《あいさつ》に行く予定はあるのかと尋ねてみると「今日の午前中に打ち合わせで会ったし、別にいいんじゃないの」と言う。

「いやいや。これだけお世話になった方なんだから、帰国前に事務所に顔を出して、改めてお礼の一言をちゃんと伝えておくべきでしょう？」

思わず、取材者としては差し出がましいことを言ってしまった。

「挨拶に行ってどうするんだい。言葉も通じないし」

「気持ちの問題ですよ。ちょっとした菓子折りでも果物でもいいから持って、帰国前の挨拶に行くべきです。ほとんど無料（筆者注　この時点では裁判の結果が出ていなかった）で弁護を引き受けてくれた相手の義侠《ぎきょう》心に、祁君が謝意を示す方法はそれしかないんですから」

「そうかなあ……。僕が買う菓子や果物なんて、値段はたかが知れてるだろ？　弁護士の先生がそんなものを礼にもらって嬉《うれ》しいのかな」

祁春哲は不思議そうな表情を浮かべてそうつぶやいた。

一昔前まで、中国の労働者や農民は他者との距離感が異常なほど近く、人情が過剰で人付き合いがやたらに濃厚だった。仮に自分がなにか大きな恩を受ければ、本人がどれだけ貧しくても身の丈の範囲で買える贈答品を大量に送り、十数年後になってもときおり、電話や手紙で挨拶を続け、顔を出せるときはわざわざ会いに行く。厚意を受ける側は内心でありがた迷惑に感じていることも多いのだが、そんな相手の心理などは察することなく、とにかく「重い」行動を取り続けることで自分の恩義を伝える――。そんな垢抜《あか》けないがハートフルな個性が、かつてのローカル層の中国人の特徴だった。

だが、二一世紀の強くて豊かな中国の子である祁春哲はそうではない。

中国の九〇後《ジョウリンホウ》(一九九〇年代生まれ)世代である彼の姿は、ちょうど私が学生だった二〇〇〇年前後の、自分を含めた同世代の気の利かない日本人の男の子とよく似ていた。表層的な社会知識は豊かで権利意識も高いが、自分という人間を誰かが尊重して保護してくれることが当然であると思っており、他者の厚意や義気には鈍感。自分が世間から見捨てられることなんて想像もつかない、安全で余裕のある社会で乳母日傘《おんばひがさ》に育てられた、幸福な世代なのだ。

――取材後、祁春哲は予定通りに帰国し、その後は中国国内で暮らしている。

二〇一九年一二月に久しぶりに連絡を取ってみると、有資格の溶接職人として河北《かほく》省で働いているようだった。経済状況を尋ねてみると「いまの月収は一万四〇〇〇元（約二二万円）くらい」と返事がきた。

「やっぱり資格を持つと食えるんだ。臨時工《リンシイゴン》（非正規従業員）なので身分の安定性はないけれど、勤務先は国営企業だよ。エヘへ、日本で技能実習生をやるよりもずいぶん高いよな」

五〇代男性に浴室を盗撮された

「私たちは尊厳を無視されている。それに、なにより会社側や日本の警察当局は、中国人労働者に対して差別的だと思う。『維権』のために戦わないといけない」

静岡県富士市での取材から二日後の二〇一八年三月一七日午後、私と郡山は岐阜県大垣市内の国道沿いにあるコメダ珈琲の店内で、祁春哲とそっくりの主張をおこなう中国人の若い女性三人と向き合っていた。

彼女たちは大垣市郊外の艶金《つやきん》という繊維会社で働く技能実習生だ。吉林《きつりん》省長春《チャンチュン》市出身の孫麗《スンリー》と、遼寧省大連市出身の李丁《リディン》がともに二七歳の漢民族、遼寧省本渓《ベンシー》市出身の趙丹《ヂャオダン》は二九歳の満族である。いずれも、性犯罪の被害者なので仮名とする（孫麗と趙丹は中国メディアが記事中で用いた仮名を使用した）。この日に取材の場に来ていない他の技能実習生たち三人も、全員が中国東北部出身の二〇代の女性たちだ。

孫麗たちは会社の従業員寮内で盗撮被害を受けていた。

「問題を会社に言って組合（監理団体）に言って、警察にも言ったけれどまともに対応してもらえなかった。李小牧さんに伝えたり中国領事館に連絡したりしてから、警察はすこしだけ動いたけれど、納得できる状況じゃない。なぜ犯人が逮捕されないの？」

真新しいｉＰａｄを手元で操作して画像フォルダをあさり、証拠写真を示しながら孫麗はそう話した。やはり祁春哲と同じく、彼女も最新モデルのアップル製品のユーザーだった。


彼女たちが受けた被害をまとめておこう。

艶金の従業員寮では、建物の三階に孫麗たち計六人の中国人女性が住んでいたが、なぜか同じ建物の二階には五〇歳前後の日本人独身男性社員三人が入居していた（この時点で、会社側が若い女性労働者の生活環境にほとんど配慮していないことは想像に難くない）。浴室と脱衣所は一階にあり、男女が時間を区切って入浴する仕組みだった。

事件は二〇一八年二月七日夜に発覚した。趙丹が入浴しようとした際に、脱衣所のコンセントに挿されっぱなしになっていたＵＳＢ充電器が、実は小型のレンズを持つ盗撮カメラであることに気付いたのだ。孫麗によれば、この充電器型盗撮カメラは「少なくとも一年ほど前から」同じ場所にあり、脱衣場の盗撮が継続的におこなわれてきたとみられた。

カメラは動画データをSDカードに記録するタイプだった。盗撮者が動画を見るためには、定期的にSDカードを取り出し、パソコンなどを使ってデータを吸い出す必要がある。外部者の立ち入りが頻繁にあるとは思えない企業の従業員寮の浴室から、撮影データを頻繁に回収できる立場の人間の数は限られている。普通に考えれば、ひとつ屋根の下で若い中国人女性たちと一緒に暮らす日本人の五〇代男性たちの「三人のうち誰かが設置したと考えるのが妥当」な話だった。

しかし翌朝、盗撮被害を訴えた孫麗と趙丹たちに対して、艶金の日本人上司は「仕事と生活を分けろ」と主張して業務を続けるよう指示し、まともに対応する姿勢をほとんど示さなかった。そこで彼女らは監理団体であるGネット協同組合に相談したが、組合側の中国語通訳は「あなたたちが通報しても警察は来ない」と、同じく事態の火消しを図ってきた（ただし、私の電話取材に対してGネット協同組合はこのやりとりの存在を否定している）。

組合側の通訳者が警察署への同行を拒んだため、やむを得ず孫麗たちは自分で通報。だが、彼女らは日本語がほとんどできないこともあって埒《らち》が明かない。九日になり、被害者の一人である李丁がSNSを通じて李小牧に連絡したことで、彼が協力して所轄の大垣署に話を通し、ようやく警察を動かすことができた。

「でも、警察はカメラとSDカードを押収しただけで、同じ寮の日本人男性三人のパソコンを調べたり指紋を取ったりはしなかった。これじゃあ、犯人が証拠を隠滅できるじゃない」

盗撮に使用されたUSB充電器型カメラは、人口約一六万人の地方都市である大垣市内の店舗で気軽に購入できる商品ではない。つまり、日本人男性三人のクレジットカードの明細やネットショッピングサイトの利用履歴を確認するだけで犯人を特定できる可能性があったのだが、そうした捜査はなされなかったのだ。

被害者が言葉の通じない中国人だったことで、日本の地方の警察は本気で捜査しなかった。少なくとも、被害者である孫麗たちの目にはそう映った。

やがて翌月二二日になり、警察の調べによってSDカード内に五時間一〇分の動画データが確認された。動画には実習生二人の裸体が映っていたと警察から孫たちに連絡があったが、捜査は事実上ここまでで終わってしまい、その後の進展はない。

外交問題にエスカレートさせる

孫麗たちによれば、艶金は盗撮事件が警察沙汰《ざた》になってから「外部の人間の立ち入り」を見張るという理由で寮の入り口に監視カメラを設置し、建物入り口のドアに鍵を取り付ける「対策」をとったという。

「内部犯行の可能性が高いのに、そんなことをしても意味ないんじゃないですか?」

「意味ないよ。例の三人の日本人も、そのまま同じ部屋に住んでる」

孫麗は言う。なんと会社側は、性犯罪の被害者である技能実習生の若い中国人女性たちと、加害者が含まれている可能性が高い自社従業員の日本人男性たちを、事件発覚後も同じ寮に住まわせ、トイレや浴室を共用させ続けていたのだ。

「事件はずいぶん前のことですよ。状況はすでに落ち着いており、話すことはありません」

大垣から帰京後の二〇一八年四月上旬、私が『Ｎｅｗｓｗｅｅｋ日本版』の記者の立場で艶金に電話取材をおこなったところ、そんな返事がきた。話をしたのは、事件の翌日に「仕事と生活を分けろ」と主張したとされる日本人男性社員だ。

「『ずいぶん前』と言っても、たった二ヶ月前に起きた話で、盗撮犯も捕まっていないですよ？」

「犯人は外部の人間かもしれないでしょう。警察の捜査に任せています。実習生たちは事情を納得して、仕事を続けています。もういいんじゃないですか」

男性社員は苛立《いらだ》った口調で会話を打ち切った。もちろん、被害者の孫麗たちがまったく「事情を納得」していないことは言うまでもない。

いっぽう、技能実習生を監理するＧネット協同組合の担当者も、電話取材に対して「（同じ寮の日本人男性が盗撮犯であることは）可能性としては高い」と認めたにもかかわらず、「艶金さんはしっかり対策している」と、特に根拠は示さず言い切った。

「問題の解決は警察と艶金さんがおこなうことですよ」

あくまでも監理団体とは無関係という姿勢だ。

対策を取らない受け入れ先企業と、事なかれ主義の監理団体、おざなりの捜査しかおこなわない警察——。立場が弱く日本語もできない技能実習生は、犯罪に巻き込まれたときは無力なのだ。ゆえに被害者からはこんな意見まで飛び出す。

「日本は治安がいいって聞いたけれど、信じられない。中国なら、こういう犯罪は公安が監視カメラの映像をチェックして、犯人をすぐ捕まえるのに。日本は中国よりも法律を守る意識が薄いと思う」

取材中に孫麗がそう話すと、なんと他の二人もうなずいた。

近年の中国では、全国に約二億台の監視カメラが配備されている(二〇一九年時点)。一部は公安部のシステムとクラウド上で直結し、顔認証機能によって被撮影者の氏名や身分証番号を一瞬で特定することが可能だ。スマホやパソコンを使ったインターネットの利用履歴も、特殊な暗号化技術を使わない限りはすべて公安が把握している。

中国政府が監視社会化を進める最大の目的は、中国共産党の統治体制の防衛だ。日本を含めた西側諸国の感覚では、個人のプライバシーの一切を国家権力が握る近年の中国社会は不気味なものに思える。

だが、実のところ中国の庶民層には、犯罪の抑止効果を理由にこれを歓迎している人が意外と多い（近年、中国当局は犯罪発生率の大幅な減少をアピールしており、これは私の肌感覚でも事実だと感じられる）。ゆえに監視社会に慣れきった国の人から見れば、日本の警察のユルさが逆にはがゆく感じられるという奇妙な逆転現象も起きるのだ。

さておき、孫麗たちの不満と不信感は、かくまでも強い。

容疑者がほぼ絞り込まれており、その気になれば簡単に証拠も見つかるはずなのに、誰もまっとうな対応をしてくれない。結果、艶金・Gネット・警察の三者の姿勢に苛立った彼女らは、日本の不誠実な企業や警察組織よりも、ずっと「信頼」できる強力な権力に任せて事件を解決しようと考えた。

すなわち、駐名古屋中国総領事館や、上海《シャンハイ》の大手ニュースサイト『澎湃新聞《ポンバイシンウエン》』に積極的にリークして戦っていく作戦を取ったのだ。

『澎湃新聞』は習近平政権と非常に関係が深い、中国有数の大手ウェブメディアだ。二月一三日に事件が大きく報じられると、中国国内の世論にも反発が広がった（ちなみに艶金については、旧名である「艶金化学繊維」の名で『澎湃新聞』記事中で社名が公開されていたため、本稿でも仮名を用いずこれに従った）。中国側報道は、総領事館もこの事件を「高度に重視」しており、なんらかの対応を取ると伝えていた。

中国人労働者の立場は昔よりもずっと強くなった。いまや日本の中小企業が中国人技能実習生に対して不誠実な姿勢を見せるだけで、習近平政権のプロパガンダメディアを通じて社名を名指しで批判され、外交問題の俎上《そじょう》に載せられかねない時代になっているのである。

ただし、艶金の女性技能実習生盗撮事件は結論としてはウヤムヤで終わった。

先に登場した静岡県の祁春哲の場合は、受け入れ先企業の蓮海工業が大量の法律違反を犯し、しかも被害者が重傷を負って職場に復帰できる可能性がゼロだったことで、法的紛争に持ち込んでリベンジを果たすことができた。

ところが孫麗たちの場合、盗撮事件それ自体は「軽犯罪」にすぎない。会社側が社内にいる容疑者を事実上かばい、監理団体は技能実習生保護のための対策を講じず、地元の警察も捜査を充分におこなわない――。つまり日本側で事件の調査や捜査が可能な機関が、いずれもサボタージュをおこなって開き直った以上、中国総領事館や中国世論が騒いだところでどうにもならなかったのだ。また、技能実習生は職業選択の自由が事実上制限されているため、その後も実習期間の満了まで同じ職場に居続けなくてはならない。祁春哲のように会社を訴えることも現実的ではなかった。

やがて孫麗たち数人は、事態が解決しないまま実習期間が満了して中国に帰った。まだ艶金での実習期間が残る李丁らは、相変わらず事件が起きた従業員寮の三階に住まわされ、同じく二階で暮らし続ける日本人男性たちと同居生活を続けている。

起來、不願做奴隸的人們（起て、奴隷になりたくない人々よ）

労働者の基本的人権が事実上制限されている日本の外国人技能実習制度は、欧米のメディアから「現代の奴隷制」とまで揶揄《やゆ》されている。

二〇一五年まで技能実習生の国籍別人数の最多を占めてきた中国人は、かつては母国と日本との巨大な経済格差ゆえに従順であり、長年にわたって「現代の奴隷制」を無言で支え続けてきた。一昔前まで、技能実習生問題は在日中国人問題の一部だとすら言ってよかった。だが、祁春哲や孫麗たちを見ればわかるように、近年の中国人技能実習生の姿はすでに往年とは違う。

「会社の人たちは現在の中国のことを知らないみたいで、私たちを貧乏だと勘違いしているんだよね。それっていつの時代の話よ？　と思うんだけど」

大垣市内での取材時、孫麗が愛用のｉＰａｄを触りながら話すと、隣で最新モデルのｉＰｈｏｎｅをいじっていた李丁と、正規品のアディダスのジャケットを着て左腕に一万七〇〇〇円の新品のスポーツウォッチを着けていた趙丹が「そうそう」と苦笑いしてみせた。

「日本に来て本当に失敗したと思うよ。数年前ならともかく、いま中国国内の工場で働くなら残業代抜きでも月収五〇〇〇元（約七万八〇〇〇円）くらいはもらえる。でも、日本で技能実習生として働けば、月八〇時間の残業をこなしても月収は一二万円ぐらい。家族にも会えないし自由な時間もないから、まったく割に合わない」

既婚者で子どもが一人いる孫麗は、二〇一五年秋に出国している。日本に来る前の彼女は韓国向けに衣料品を輸出する中国系工場のワーカーで、月収は三〇〇〇元（約四万七〇〇〇円）程度だったが、ここ数年の中国の変化によって事情はすっかり変わってしまった。

「数年前に出国した孫麗の判断はまだ理解できる。でも、最近になって来てしまった私たちはもっとかわいそう。完全に選択を間違えた。まったく自由がないし、すごく理不尽。悔しい。牢屋《ろうや》に住んでいるみたい」

趙丹が言う。二〇一七年一月に来日した彼女は、かつて中国国内で旅行会社の営業職に就いていたときの月収は四〇〇〇～五〇〇〇元程度あった。李丁も二〇一七年秋の来日だ。中国では化粧品のセールスレディをしており、月収は趙丹と同じくらいだったという。

静岡県の祁春哲と同じく、彼女らもほぼ「九〇後」世代である。

中国社会の経済発展や権利意識の高まりのなかで育った九〇後たちは、ややワガママで享楽的な反面、一昔前の中国人のようなギラついた雰囲気は薄く、暑苦しい人間関係も好まない。たとえ地方都市出身のブルーカラー層の人たちでも最新のデジタルガジェットを使いこなし、そこそこ垢抜けていて、話す言葉も論理的だ。

日本の技能実習制度は、身も蓋《ふた》もない言いかたをすれば、発展途上国出身の「〝低度〟外国人材」である若者の判断力や論理的思考能力の低さや、権利意識の弱さに依存して構築されているシステムだ。現代中国の九〇後の青年との相性が悪いことは言うまでもない。

彼らは技能実習先で理不尽な問題に直面すれば、自分の権利を守る（「維権」）ためにスマホで弁護士を探したり中国領事館や大手メディアにタレ込んだりと、全力で抵抗してくる。まったく「奴隷」には向いていないのだ。

彼らや彼女らが日本に来る理由も、すでに過去とは異なっている。

「技能実習生って、日本で勉強をするついでにちょっとお金を稼げる制度だと思って応募したら、朝から晩まで田舎の工場でミシンがけをやらされて驚いた」

たとえば私が別の機会に電話取材をおこなった、広島県内の紡績工場で働く二〇代後半の中国人技能実習生の女性はこんなことを言っている。彼女はなんと、ワーキングホリデー制度と勘違いして日本に来ていた。

だが、この広島県の職場は典型的なブラック企業であり、同僚の中国人技能実習生はミシン針が爪を貫通したのに休みをもらえず働かされているという。

広島の中国人女性のようなユルい感覚は、岐阜県大垣市の艶金で働く趙丹も同様だった。彼女はアニメが大好きで、それゆえに日本で働いてみたいと考えて技能実習生になっていた。

「アニメで見た日本と、ここの毎日はぜんぜん違う。『君の名は。』に出てきた村みたいな、きれいな日本ってどこにあるの？」

新海誠《しんかいまこと》監督のアニメ映画『君の名は。』は中国でも大ヒットし、日本円換算で一〇〇億円を上回る規模の興行収入を叩《たた》き出した。中国語版の封切りは二〇一六年一二月だ。つまり趙丹が来日する一ヶ月前であり、彼女は公開直後に映画館で作品を見たらしい。

私はつい反射的に「ここです」と答えてしまった。

「どういうこと？」

「『君の名は。』のヒロインの三葉《みつは》が住んでいる場所は、この岐阜県なんです」

「えっ」

趙丹は短く叫び、それから絶句して動かなかった。

第六章

高度人材、低度人材

——「日本語だけは上手い」元技能実習生

扉写真　元技能実習生の范博文。中国の南昌市内にて

「日本語が上手い」というよりも「日本語だけは上手い」

「アベ・シンゾーシュショウはクガツ・ハツカに！　ジミントソーサイにサンセンされたあ！　ジミントソーサイセンチュウから、アベシュショーは！　つぎいなるシャカイホショカイカクのショオテンとして！『ショウガイゲンエキイシャカイ』のジツゲンをあゲていた！　ショウガイゲンエキイシャカイのジツゲンとわあ！　いくつになても！　イヨクさえあればはたらけるカンキョをトトのえることおイトしているうー！」

――二〇一八年一二月七日の朝、騒音で起きる。

とはいえ、もう何日も聞いているので慣れてしまった。

たぶん、「安倍《あべ》首相は社会保障改革の焦点として生涯現役社会の実現を挙げた」ことに関係したニュースだろう。日本語記事の絶叫調の音読は、元技能実習生の范博文《ファンボオウエン》の朝夕の習慣なのである。

布団から出て台所で顔を洗っていると、コンロの近くから納豆の匂いがした。

「これおおウケて！　はたらきかたカイカクわあ！　イチオークソーカツヤクシャカイジツゲンにむけたサイダイのチャーレンジといちづけ！　ドーネンクガツにはたらきかたカイカクジツゲンカイギイをたちあげえ！　ニセージューナナネン・サンガツに『はたらきかたカ

イカクジコウケーカク』をトリまとめたあー！」

襖《ふすま》を開けて居間に入る。

コタツに入った范博文が、スマホで『東洋経済オンライン』の過去記事を見つめながら、相変わらず叫び続けていた。ジャージ姿で頭髪の寝癖をなおしていない。

机の上に、彼の朝食が入っていた空っぽの土鍋《どなべ》がある。中国人なのに納豆を粥《かゆ》に入れるのが好きらしい。変わったやつだ。

「よう。おはよう」

「あ」

ニュース記事の音読の切れ目に挨拶《あいさつ》すると、彼はギロッと私に視線を飛ばしてから「……おはよーございまーす」と、覇気のない返事をした。家主の私の顔を見ても、自分から先に挨拶をしたり愛想笑いを浮かべたりする性格ではないのだ。

「前に話した通り、今日から明後日《あさって》まで、僕は福岡に出張に行く。鍵《かぎ》の場所はわかるな？　火の元には気をつけてくれ」

「はーいー」

そう一言発してから、無表情で黙っている。

彼はチャットソフトを使って日本語で文字の会話をするときは、異常に饒舌《じょうぜつ》で人懐っこい。

私に対しても並々ならぬ親しみを持ってくれているらしい。しかし、顔を合わせて喋《しゃべ》ると最低限の会話しかせず、表情もほとんど動かさないのだ。

「明後日の面接、がんばりなよ」

「はーいー」

「まあ、君は日本語が上手《うま》いからなんとかなるか」

励ましてみたものの、私の言葉は半分までしか正しくない。范博文は「日本語が上手い」というよりも「日本語だけは上手い」のである。

「緊張しても、前みたいに怒鳴るような喋り方はしないようにな。笑顔で穏やかに喋る」

「大丈夫だろお」

彼が再び黙ったので、私は言葉を継いだ。

「ところで、もしかしてジャージ姿で面接に行く気か？」

「そう」

「大学入試だぞ。服を貸すから、サイズが合うか着てみてくれ。あと、当日は寝癖をなおしてから行くんだ」

私は一〇年以上前に着ていたスーツ一式を取り出し、彼に渡していったん部屋を出た。

ここは東京都府中市白糸台《ふちゅうしらいとだい》。当時の私の仕事場で、東京での住居を兼用していた。蔵書や資料が多いのでとにかく広い場所がいいと、郊外の築三四年の一軒家の二階をまるごと月六万五〇〇〇円で借りたのだ。

間取りは私の仕事部屋と仮眠室のほかに、コタツを置いた六畳間がある。中国からやってきた范博文を、タダで一週間ほど住まわせてあげるくらいは何の問題もない。一階で暮らしていた老人は半年前に引っ越しており、現在は無住だ。ニュース記事を絶叫して読むという范博文の奇妙な日課が、誰かに迷惑をかける心配もなかった。

出張中の三日間、私は彼に仕事場の鍵をあずけることになるが、問題はないと思った。彼は食欲・性欲・金欲すべてが極端に希薄なやつで、異常なほど生真面目な性格だ。私の不在中に部屋を勝手にあさったり、物を拝借したりするはずがない。他の点はさておき、モラルの高さについては一〇〇パーセントの信頼を置いている。

とはいえ、この品行方正な居候《いそうろう》は他人の家で勝手に家探《やさが》しをしないかわりに、浴室や台所はもちろんのこと、自分が泊まっている部屋を自発的に掃除することもしない。この家に来る前に、コンビニで缶ビールを一缶、手土産に買ってくるような気遣いもない。

今朝、起きてきた私のぶんの食事を準備したり、かわりに洗濯物を干していてくれたりは……。もちろん、するわけがない。朝食後は自分の食器だけを洗い、私の食器はそのままだ。

それどころか、顔を合わせても最低限の愛想も示さない——。

私は細かいことに目くじらは立てないが（神経質な性格なら、そもそも彼を家に泊めていないのだ）、来年は三〇歳になる男なのにこの気の利かなさは、日本人だけではなく中国人と付き合うのも苦労するだろう。

范博文はかつて、技能実習生として勤務していた岐阜県内の衣料染色工場で、日本人社員からずいぶんひどい罵《ば》倒《とう》を繰り返されたという。

その工場は彼の帰国から一年後に倒産してしまった。経営状況も職場環境も劣悪だったことは想像に難くない。日本の外国人技能実習制度は、地方の中小企業に発展途上国の「〝低度〟外国人材」を単純労働力として送り込むシステムであり、パワハラに対してしばしば容認的な体質をはらんでいる。

面接試験用のスーツを着た范博文

とはいえ、范博文の無愛想な性格と外見も、過去の受難の一因だったに違いない。

「スーツのサイズは大丈夫だった？」

しばらく経ってから居間に戻ると、ジャケットの前を第三ボタンまですべて留めた范博文があぐらをかいていた。ひとまずサイズは問題なかったらしい。

「スーツを着たときはソファに座るんだ。ズボンにシワが寄る」

「ネクタイは、どう結ぶ？」

「スマホで調べれば出てくる。明後日までに練習すればいい」

「はーいー」

「面接では『はーいー』じゃなくて『はい』と言ったほうが」

「はい？」

とはいえ馬子にも衣装である。ジャージ姿よりはずっとシャキッとして見える。

私は彼のスーツ用の革靴を玄関先に置いてから、福岡に向かうべく羽田《はねだ》空港に急いだ。

范博文は明後日、多摩大学で留学生向けの推薦入試を受験するのだ。

――試験科目は日本語の面接だけである。

みんな一回きりの使い捨てで道具みたいだから

范博文は一九八九年三月八日生まれだ。

故郷は中国江西《こうせい》省南昌《ナンチャン》市である。江西省はこの年（二〇一八年）の一人あたりＧＤＰが中国省級行政区画三一地域のうちで二四位、わずか四万七四三四元（約七四万円）にとどまる貧しい内陸省だ。とはいえ、最近は上海から高速鉄道が直通して飛躍的に便利になった。

范博文の実家は南昌市内の旧市街にあり、暮らし向きは豊かではなかったが、数年前に都市再開発による立ち退き補償金を得て、いまや日本円で一〇〇〇万円くらいの貯金ができたらしい。

彼の最終学歴は高専《ガオヂユアン》（高等専科学校。おおむね日本の工業高校に相当）卒だ。二〇一三年九月から日本で技能実習生として働いたが、実習期間の途中で帰国した。私が彼と知り合った二〇一八年春時点での職業はガードマンで、月収は二九〇〇元（約四万五〇〇〇円）程度。現代中国の大都市の住民としてはかなりの低収入である。ただし日本語だけはできる。

私が彼と知り合ったのは、静岡県の蓮海工業の中国人技能実習生・祁春哲《チイチユンヂエ》や、岐阜県の艶《つや》金《きん》の孫麗《スンリー》たち（第五章参照）への取材をおこなっていた時期だ。彼らへの連絡と並行して、中国で普及しているチャットソフト『ＱＱ』の技能実習生コミュニティや不法就労者コミュニティで取材対象になる人物を探していたのである。

いまどきの中国で技能実習生になる人の多くは、地方都市で暮らす「情報感度が低い層」の若者である。加えてネット特有のいいかげんなノリも強く、たとえ中国語で話しかけても、ふざけたような返事が多くまともな会話が成立しにくい。

ところが、そんな書き込みの山のなかで、急に流暢《りゅうちょう》な日本語が表示されたのだ。

「ここで探しても、あまりしっかり返事する人は見つからないって思う」

不思議である。私はさっそく彼に話しかけてみると、以下のようなメッセージが次々と表示された。

〝他の技能実習生はみんな日本語できないよ〟

〝私は岐阜県にいた。暗い二年間だったたって思う〟

〝技能実習生はみんな一回きりの使い捨てで道具みたいだから〟

〝日本にいたときに言葉が通じないことで工場の人間にバカにされた〟

〝腹が立つって思って辞書の単語を最初から最後まで覚えた〟

〝日本語能力試験（最高レベルの）N1に何度も合格した。力試しって思う〟

驚異的である。「って」をやけに多用するのは気になるが、他は外国人の日本語学習者が間違えやすい助詞の使い方もほぼ正確だ。書き言葉でここまで違和感がない日本語を書ける中国人は、日本の一流レベルの大学の留学生でもそう多くない。

私は彼が気になり、現住地だという江西省南昌市に行って会ってみたくなった。

もともと、江西省には別件で行こうと思っていた。このとき、私は同じく『QQ』で見つけた徳島県の山奥の繊維工場で働く江西省出身の女性技能実習生三人とも並行して取材交渉

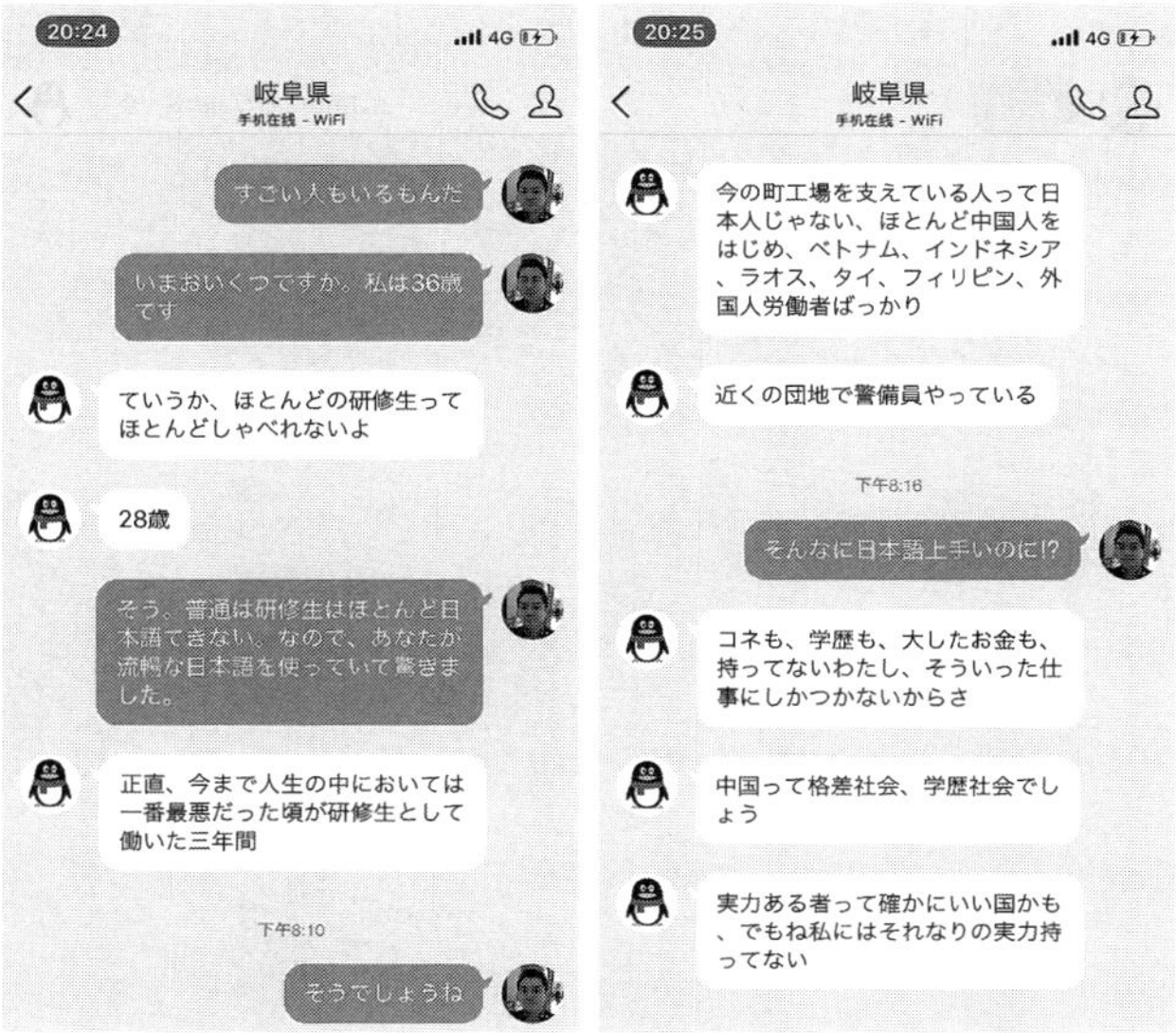

范博文との最初のやりとり。驚異的な日本語能力だった

をおこなっていた。彼女らは給料の未払いに悩み、突然私に電話を掛けてきて労基署の窓口との交渉を通訳させたりもしていた。この女性らは賃金を取り戻せれば実習を中断して故郷に帰りたいと話していたため、私はあえて彼女たちと中国国内で会って、実家の環境を取材しようと考えていたのだ（最終的にこの三人は日本でのトラブル解決に時間がかかり、会えないままになってしまった）。

だが、徳島県のケース以上に、この范博文という人物は興味深かった。

彼は外国人技能実習制度という理不尽な制度に組み込まれ、地方の工場でがさつな日本人従業員から罵倒され続けながら、ひそかに猛烈な努力を積み重ねて日本語を習得したようなのだ。ＱＱに書き込まれた柔らかい調子の日本語からも、気さくで穏やかな人柄が想像できた――。

外国人技能実習制度の矛盾を象徴するような、格好の取材対象になると思ったのである。

「この街が嫌いって思った」

だが、二〇一八年四月三日、カメラマンの郡山総一郎と一緒に南昌駅前の錦怡《ジンイー》大酒店のロビーで待ち合わせた范博文は、取材前の想像とは一八〇度逆の意味で、驚愕《きょうがく》するべき人物だった。

まず、ごつい。小太りの体型に丸刈りで、服装はそのへんのスーパーで買ったような白Tシャツに黒ジャージである。武闘派の大仏様、といった印象なのだ。

しかも、彼はおそろしく無愛想で目つきが悪く、何の恨みがあるのか初対面の私と郡山を睨《にら》みつけてきた。後にそれが単なるクセで、本人に悪意があるわけではないとわかったが、はっきり言って第一印象は最悪だ。

チャットではあれだけ饒舌だったのに、会うとなにも喋らない。もしかして日本語の読み書きは得意でも会話はできないのかと思い、私が言葉を中国語に切り替えると、「日本語わあ！　わかる！」といきなり大きな声で叫んだ。

「あ、日本語がわかるんですね」

「わからない、言葉わあ！　ないい！」

書き言葉の流暢さと比べると、この大仏様の話し言葉はアクセントが奇妙だった。響きがやけにとげとげしい。

「取材をするために、とりあえずコーヒーでも飲みましょうか」

「私わあ、コーヒーわあ！　飲まないい！」

「いや、飲むのは別に中国茶でもコーラでもいいんだけど、どこかで座って話を……」

「私わあ、飲み物わあ！　飲まないい！」

貴様はどこの帝国軍人だ。

仕方がないので、私が泊まるホテルの部屋で取材をすることになった。

最初はどうなることかと思ったが、部屋で落ちついてくると、范博文の話し方はすこし普通になった。彼は過去に日本にいたころから、スマホで検索して日本のＹａｈｏｏ！ニュースなどに掲載された新聞や雑誌の記事を読む習慣を持っている。さっきの態度は、遠く離れた「日本語雑誌の世界」から本物の日本人の記者がやってきたことに、少なからず緊張を感じていたからのようだ。

もっとも、無口と無愛想は相変わらずである。取材がしにくい相手には変わりない。

范博文がかつて技能実習生として来日した経緯は、例によってよくあるパターンだった。ブローカーから「日本では稼げる」と説明され、送り出し機関に多額の費用を支払って出国したのである。

「范さんはお金にギラギラしているタイプには見えませんが」

「お金わ魅力って思った。でも、それわ一番の理由じゃない」

「じゃあ、どういう理由ですか？」

「この街が嫌いって思った。この街お出たいって思った」

南昌が嫌い。理解はできる。

経済発展いちじるしい近年の中国は、（特に新型コロナウイルスの流行前は）日本の一部でキラキラしたイメージで語られるようになっていた。二〇一八年の夏には、おしゃれなライフスタイル雑誌の『Ｐｅｎ』（同年九月一日号）が、なんと広東省の深圳特集を組んだ。監視社会や言論の自由の抑圧といった問題を気にしない人であれば、上海や深圳はすでに先進国とほぼ変わらない生活を送れる社会になっている。

だが、こうした「キラキラ中国」は、沿海部の数都市に限られている。

この日の午前、私と郡山が高速鉄道の南昌西駅に降り立つと、人々がホーム上や駅舎内で平気でタバコをふかして吸い殻を床にポイ捨てし、泥臭い贛《かん》方言を大声で喋り合っていた。

私たちのホテルがある市内中心部（在来線の南昌駅の周囲）は古い建物が多く、ジトッとした空気と生ゴミの臭いが漂う。駅の裏手には壁が黒ずんだ古いアパート群が広がり、家々のベランダから空に向けて洗濯物がたなびいている。

近年の「キラキラ中国」の無機質なビル群を見慣れた私にとって、南昌の裏路地は一昔前の中国の雰囲気をよく残した魅力的な場所に思える。歴史の古い街なので、江南《こうなん》の三名楼に数えられる滕王閣《とうおうかく》（一九八九年の再建だが）や、一九二七年に周恩来《しゅうおんらい》が人民解放軍の前身となる部隊を率いて蜂起した南昌八一武装蜂起記念館など、由緒ある建物も多い。近代以降の歴史しか持たない上海や深圳よりもずっと街歩きが楽しい土地だ。

とはいえ、地元の人が「パッとしない」と感じるのも無理はない。数千年間にわたり積み重なった、鄱陽湖《はようこ》のほとりに鎮座する古都の歴史の澱《おり》は、見ようによっては非常に陰気だ。

范博文もまた、そんな南昌の重みを嫌った一人だった。結果、彼は外国人技能実習制度に出会ってしまったのである。


「おぉい、おめえはバカかぁぁ？」


外国人技能実習制度が、「実習」とは名ばかりの低賃金労働者の有期雇用制度であることは何度も書いてきた。范博文の場合は、もともと中国の家電量販チェーン・蘇寧電器《スーニンディエンチー》の店舗販売員だったが、日本で従事した仕事は家電とは無関係だった。

それが染色である。労働環境について聞くと「ひどかったって思う」と話した。

「具体的に、どうひどかったんですか？」

「三〇〇度から五〇〇度ぐらいのお熱い液体で、煮て、布お染める。朝から晩まで」

「しんどそうですね」

「しんどいし、あついから。真夏だと、工場内の気温がたぶん四〇度以上って思う」

「熱中症になるじゃないですか」

「水わ自由に飲んでいい。でも、熱中症になる。先輩わ、病院に運ばれた」

「水が飲めるということは、最低限の安全管理はなされていた？」

「いろいろ身体に悪いって思う。染色わ劇薬たくさんお使う。硫酸。発泡剤？　タンクに入れるとき、臭いおおかぐと、吐き気がする劇薬わ、たくさんあった」

めずらしく饒舌だ。しかも、それだけハードな仕事にもかかわらず時給は七一四円だった。

「仕事内容について、范さんは事前に納得して……」

「したあわけが、ないだろ！」

興奮して私の話を途中でさえぎり、大きな声を出す。

「染色とおいう、単語だけお、聞いてえ！　なにやるか、わかるか！　わからないい！　そんなあ、仕事！　したこと、ないい!!」

出国前には、岐阜での「実習」内容が危険作業であることはおろか、肉体労働に従事することすら明確な説明を受けていなかったようだ。日本に行ってから事実を知って愕然としたのである。

「ほかに、ひどいことはありましたか」

彼がすこし落ち着いてから尋ねなおす。

「会社で、使われる言葉わ敬語の表現使わない。乱暴」

「どう乱暴なんです？」

私が尋ねると、范博文は「おぉい、おめえはバカかぁぁ？」「国に帰れぇ！　使えないやっ！」と、驚くほど正確な発音で口にした。

一瞬、彼本人に腹が立ってしまったほど憎たらしい口調だった。工場でいちばんよく聞かされた言葉らしい。

憎たらしいといえば、范博文はたまに「はーいー」「ありがとうございまーす」といった、妙に間延びした返事をすることがある。田舎の中学生が掃除当番を押し付けられたときのような、聞く者を苛立《いらだ》たせる発音で、これも彼の感じの悪さの一因になっていた。

だが、どうやらこちらも、工場で周囲の人々が使っていた言葉づかいが伝染したもののようだ。范博文は相当な努力を積んで日本語をマスターしたのだが、彼がこれまでの人生で直接接触したネイティブの日本語話者は、ほぼ岐阜県の染色工場の従業員だけだったのである。

やがて、彼は職場の環境に嫌気が差し、三年間の実習期間の満了を待たずに途中帰国した。二〇一五年一月のことだった。

「俺はダメだあと思った。挫折《ざせつ》感、あった。お金もない」

日本に行く費用は、過去に蘇寧電器で五年間働いた貯金だけでは足りず、実家の援助も頼った。彼はもともと両親との折り合いが悪く、日本から途中で帰ってきたことで、家族との関係はよりギクシャクした。だが、お金がないので三〇歳手前にして実家住まいを続けざるを得ない。

帰国後、父親の紹介で日本語学校の講師の口があったが、無骨すぎる性格がたたって面接で落とされてしまった。

「自分お変えたい。でも出口ない。今の中国わ実力者だけえの世界だから。中国いやだ」

やがて家電量販店での勤務に戻ったが、理由は不明ながらすぐに辞めた。

結果、私の取材を受けた時点での職業は、市内のスーパーのガードマンだ。

「日本語は辞書を暗記して覚えたといいますが、そんなことができるものですか」

「できる！　わからない言葉わあ、ない！」

彼はそう言うと、手元のスマホで日本語のニュースを検索しはじめた。

そして、表示されたページをものすごい勢いで音読する。

「モリトモオガクエンえへのお！　コクユーチバイキャックにカンするケッサイブンショオのカイザンモンダイでえ！　ナイカクウシジリツがキュウラクしているうー！　アベシンゾーシュショウのカイザンおシジしてえいないとおいうハツゲンわジジツウだろう！　があ、

シジしていないいからメンザイされえるというハナシでわあない！」

どうやら当時話題になっていた森友学園問題についてのニュース記事のようだが、絶叫調の発音なので何を言っているのかよくわからない。

「コクミンがケンオオしているのわあ！　アベセーケンがうんだあクウキイとフウドウであるう！　モリトモガクエンわクニからトチイをカクヤスでえユズウられたあ！　トリヒキはシュショウにソンタクしたあ！　ヒジョオにアンフェアンなものにみいえる！　コクミンはそおしたフコオセエをユルしてえいるナイカクにフシインカンおオボえているうー！」

必死で叫び続ける范博文を前に、私はカメラマンの郡山と顔を見合わせた。郡山はなにか痛々しいものを見たような表情を浮かべていたが、私も同じ顔をしていたに違いない。

——范博文の日本語能力は高い。だが、日本語講師の面接に落ちた理由もよくわかる。彼の日本語は、会話をする「相手」の存在が完全に抜け落ちているのだ。

多摩大学に留学したい

〝おはようございます。安田さん。ちょっと相談があるんですけど時間はいいですか？〟

〝おはよう。どうしたの？〟

范博文と私の付き合いは、江西省での強烈な取材のあとも続いた。

実際に顔を合わせた彼は決して印象がよくなかったのに、文字のやりとりをすると別人のように感じがいい。江西省での別れ際に「ビジネス日本語」の会話例も覚えたほうがいいと本人に伝えたところ、彼の書き言葉はさらにレベルが上がった。相手に時間の都合を尋ねる細やかな気遣いも、なぜかチャットだとできるようだ。

〝このあいだあなたの取材を受けてから考えた。やっぱり自分はこのままじゃよくない。変わりたい。日本に留学に行きたいんだ〟

〝おお。いいじゃん。なにを勉強したいの？〟

〝何だっていいって思う。資格を取りたい。介護か宅建か行政書士か〟

おそろしくバラバラな目標だが、彼の目的は陰気な南昌の街を脱出して、自分がすこしでも生きやすそうな世界に行くことなのだろう。とはいえ彼にスイッチが入ったときの異常なまでの集中力を考えれば、行政書士は難しくとも宅建士くらいなら合格しかねない。

——実は前回の取材後、范博文は意外にも私と付き合いの多い友人になっていた。

日本のニュース記事の閲覧を日課にしている彼は、他の中国人と違って中国共産党の愛国主義イデオロギーの影響をほとんど受けておらず、むしろ日本のメディア人に近い価値観を持っている。ゆえに中国ライターである私が、中国のＳＮＳの情報を調べてもらったり、日本語の俗語を中国語でどう言うかを尋ねたりするには、格好のアシスタントだったのだ。

範博文はいま、スーパーのガードマンの仕事に意欲を感じていない（その後、市の「城管《チエングアン》」という公営ガードマンに転職したがモチベーションは低い）。また、彼は日本語が使えるだけでも嬉《うれ》しいらしく、私が頼んだリサーチをどんどん手伝ってくれる。

金銭への執着が極端に薄いので、私がスマホ送金でアルバイト代を送ると話しても受け取ろうとしない。とはいえ、なにかお礼を考えたくなるくらいには世話になっていた。


〝安田さん。専門学校でも大学でもいいしレベル高くなくったってもいい。留学するいい学校を知りませんか？〟

言われてから考えてみると、心当たりがあった。

東京都多摩《たま》市聖ケ丘《ひじりがおか》にキャンパスを置く多摩大学の経営情報学部だ。

二〇一二年度から二〇一七年度まで、私はそこで「現代中国入門」や中国語を教える非常勤講師として勤務していた。多摩大の一般入試の偏差値は三五〜三七・五程度とかなり低いのだが（二〇一八年当時）、教育方針を社会人の養成に振り切っており、実用性の高い教育内容と教員の面倒見のよさには定評がある。卒業生の就職決定率は九〇パーセント台後半だ。

元教員として言うならば、多摩大には講義を妨害するヤンキー学生や、明らかに無気力で周囲のヤル気まで削《そ》ぐようなダメ学生は少ない。むしろ、都下の私立大学の学費をちゃんと支払える経済水準の家庭で温かく育てられた、勉強は不得意だが人間性はいいタイプの学生が目立つ。

いっぽう、多摩大の外国人留学生は、提携校である天津《てんしん》財経大学や広東財経大学から来た交換留学生を除けば、レベルはあまり高いとは思えない。中国人留学生の講義レポートの日本語が完全に崩壊していて文章の体を成しておらず、いっそ中国語で書いてくれと思った経験も多々ある。いちばんひどかったのはモンゴル系ロシア人の留学生で、講義中にずっとイヤホンで音楽を聴き続けていたことから個別に呼び出して注意しようとしたが、そもそも日本語のコミュニケーションがまともに成立しなかったので最後は会話すらあきらめた。

私が見る限り、范博文は無愛想な性格をしているだけで、日本語能力や論理的な思考能力は多摩大の留学生の平均レベルを上回っている。しかも調べてみると、多摩大の留学生入試の課題は書類選考や面接だけで、日本語能力試験の結果の提出すら「任意」だった。つまり、日本語がかなり心もとない学生も受験するということだ。日本語能力試験の最高レベルN1に合格している范博文は、他の受験者たちよりもかなり有利な立場ではないだろうか。

〝学費は日本でアルバイトをして稼ぐ必要があるが、范の未来は開けるんじゃないか？〟

〝ありがとう。多摩大学はいいって思う。受験したいがどうすればいい？〟

多摩大に連絡してみたところ、留学生入試は日本国内の日本語学校の卒業者のみを対象にしていたが、前年度まで同校の教員だった私が身元を保証するという条件で范博文の受験資格を認めてもらえた。非常勤講師は大学側から見ればフリーアルバイターと同様で、それ以上の便宜の図りようはないが、「機会を与える」ことだけは要望が通った形である。

まだ出願期間に間に合う日程の入試は、書類選考と面接で合否を決定するタイプのものだった。なので、受験のための訪日ビザも準備しなくてはならない。

私は住民票のコピーを取り寄せ、自分が范博文と知り合った経緯や彼の日本訪問時に身元引受人になり住居を提供することなどを記した書面を作り、さらに『Ｎｅｗｓｗｅｅｋ日本版』に掲載した技能実習生問題の記事のコピーを同封したうえで封筒に入れて、南昌に向けて国際郵便で送った。范博文が現地でさらに必要な書類を取りまとめ、華中地域の中国人のビザ発給業務を管轄している在上海日本国総領事館に送付したところ、意外なほどあっさりとビザがおりた。

彼が約四年ぶりに日本の土を踏んだのは、二〇一八年一二月であった。

仕事場近くの駅へやってきた彼に会うと、なんと外見が大仏様ではなくなっていた。髪がすこし伸び、たった半年で体型まで変わっていたのだ。日本留学を決めてから「痩《や》せる」と決心し、一五キロ近い減量に成功したらしい。ストイックな人間はいちど集中すると極端な努力をする。

――その後、夜型の私が彼の「日課」によって朝寝を妨害され続ける羽目に陥ったのは、冒頭に書いたとおりである。

元技能実習生ゆえの閉塞感

「試験の結果あ、出た……」

数日後、私は仕事場の六畳間で、スマホを片手に固まっている范博文と向き合っていた。多摩大の留学生入試は、受験から数日後にネットで合否がわかるのだ。

結果は不合格である。

「まだあきらめるな。多摩大の留学生入試はもう一回ある。それに他の大学や専門学校を探してもいい」

「……そうだね。そうだ。受ける」

だが、話を先取りして書けば、翌二〇一九年の二月に実施された別の面接試験も残念な結果に終わった。不合格の理由は、面接に落ち度があったからではなく、彼が日本に居住していないことや、日本語学校出身者ではないことが理由だったかと思われた。大多数の中国人留学生は、日本国内で日本語学校に通ってから大学の留学生入試を受験するのが一般的であり、范博文はかなりイレギュラーな存在なのだ。

とはいえ多摩大の場合、入試への参加を認めてくれた以上は、受験生が日本語学校出身であることを絶対に必要な条件だとは考えていないように思える（一部の大学では日本語学校を経ない外国人留学生の受験条件に、日本学生支援機構が提供している日本留学試験（ＥＪＵ）の一定の成績を求める場合もあるが、多摩大はＥＪＵの利用もおこなっていない）。

あくまでも推測だが、范博文の年齢や技能実習生としての前歴がネックになった可能性は否定できなかった。中国かベトナムかを問わず、技能実習生になる人間の圧倒的多数が「〝低度〟外国人材」であることは、留学生入試をはじめ外国人の受け入れ事業にたずさわる人たちの間では常識だ。范博文はまともな留学希望者ではなく、日本への出稼ぎ就労を望む労働者だと考えられたのではないか。

――話の舞台を、二〇一八年一二月の仕事場での会話に戻す。

「今年無理だったら、来年受けるしかない。準備の時間ができると前向きに考えよう」

「年齢わ高い。限界あるって思う。なんとかあ、ならない？」

なんとかしたいが、私も外国人の日本留学について詳しいわけではない。もっと詳しい人の話を聞きたいが、そういう関係者を探すだけでも骨が折れるし、タダで知識を提供してもらうのも気が引ける。

しばらく考えてから、アイディアを思いついた。

「そうだ、范。過去の技能実習生体験について、自慢の日本語でレポートを書いてくれないか？　二〇〇〇字くらいで充分だから」

「いいけど。なぜって思う」

「僕がその文章をネットに載せよう。読まれる記事を書けば、きっと誰かが助けてくれる」

「わかった。俺わ書ける」

私は二〇一七年春ごろから、ウェブ媒体への寄稿が多くなっている。

ウェブ媒体の記事は、紙媒体の記事よりも内容が薄くなる反面、情報が拡散しやすい特徴がある。一定以上に「バズる」（爆発的によく読まれる）記事を書けば、簡単に一〇万〜一〇〇万人単位の人の目に触れるのだ。しかも、ある話題が注目を集めた場合、その分野に一家言がある人ほどSNSで積極的に発言をおこなって知識を書き込む。なかには、筆者の私に直接連絡してくれる場合すらある。

加えて、技能実習生問題はネット上でよく読まれるテーマだ。高齢者層をターゲットにしている雑誌やテレビでは日本の優秀性を強調した話題が人気を集めがちだが、主要読者層が三〇〜四〇代の現役世代であるネット媒体では、日本社会の矛盾や閉塞《へいそく》感を指摘する内容のほうが反応がいいのである。

皆さん、こんにち

多摩大の入試不合格で落ち込んでいた范博文は、手記の執筆の話になるといきなり元気になり、文章をスマホのメモ帳に打ち込んで一時間くらいで完成させてしまった。以下、あえて原文の表現をそのまま残す形で一部を転載しよう。ちなみに、中国では技能実習生について、過去の呼称である「研修生」と呼ぶ習慣が広く定着している。

皆さん、こんにち、范博文「ハンハクブン」と申します。生まれも育ちも中国内陸部にある江西省南昌市です。年齢は二九歳、趣味はあらゆるジャンルの記事を読むこと、東洋経済、日刊スポーツ、ニューズウィーク、東京新聞など、毎日は名だたる雑誌や新聞を読み漁るのです。そして古銭、銅貨、銀貨などを集めること、一枚一枚を通して東亜細亜の歴史や貿易関係が見えて来ますからです。

こんな私なんですけれど、ある日、心機一転というか、日本に研修生を送り出すとある下請けか孫受けという仲介業者のところに訪ねて日本に行けば儲《もう》かる話を聞いて日本行きを決めました。後の祭りなんですけれど、まるでニンジンがぶら下げられた馬みたいになった気がします。「三年間、よく働いていれば三〇万元（筆者注　約四七〇万円）ぐらい貯められるよ、人生一発逆転だぞ」、「ほらあの、帰って来た研修生に聞いて、いくら稼いだの？　三〇万元或《ある》いはそれ以上でしょう。」と言われました。

ところが、日本行きの研修生になるには仲介業者に支払う仲介手数料が馬鹿にならないほど、必要です。私は決めた以上、支払いを決意、親の支援もあって一括払いをしました。金額はなんと四万六〇〇〇元（筆者注　約七二万円）、私にとって間違いなく大金なんです。夢見るばかりにバカを見たといえるでしょう。

そこで知り合った同じこころざしを持つ人が何人かいました。後に仲間となった三人はほとんど私みたいに底辺社会で息苦しく暮らす、日本行きを通して一攫《いっかく》千金を夢見る若者達、一人はシンガポールで出稼ぎ経験を持ち、ほかの二人は出国経験無く、誰かが紹介してもらい仲介業者を通して送り出し機関に来ました。

それで握手、走りを通して体力はあるかどうかをチェックしたり、小学生レベルの算数をしたりしたというばかばかしい選抜に参加した後、テストに合格して組合（筆者注送り出し機関の誤記）が運営する技能実習生を受け入れる日本語学校で勉強し始めました。

中国の送り出し機関では、技能実習生希望者に対して体力テストと「小学生レベルの算数」のテストがあるらしい。日本の職場で求められるものが何なのかが垣間見《かいまみ》えるような話だ。

やがて范博文は、岐阜県の染色工場で働きはじめることになった。

それでもいっぱい稼いで今までとは違う、豊かな人生を歩むことを信じ、町工場に入り働き始めました。だが、私達を迎えたのは年季の入った町工場、そのなかで働いていた人も年上ばかり、これから扱う染色機も私達より年上なんです。職場で使われる言葉もほとんど方言だし、タメ口もしょっちゅう聞こえるし、日本語学校で教えてくれた言葉とは次元が違うレベルといえると思います。その優しい日本語が消えてがっかりしたわけ、洗脳されたと思われるわけ。

町工場での仕事中に「なんでやおめえ、仕事できなきゃ、国に帰れ。わいわいうるせぇ、早く仕事せよ。ボーっとするんじゃねえ、仕事に戻れ」、こういうふうに言われても腹立つんですけど、研修生の身である以上、受け身にならざるを得ませんでした。

それでもとりあえずそれらに目をつぶってがんばって働くしか考えてなかったのです。ところが染色という仕事は日々、身体に害を及ぼす染料に触れ合い、運ぶこと、工場内で漂う臭いも鼻を突くほど、非常に苦しかったんです。

仕事帰りに疲れ果てた私達を待つ帰る家が、会社側が提供した寮なんです。四人で四〇平米ぐらいという小さい空間に住んで、電気代や光熱費などを含めず、家賃だけでも五万円ぐらいです。

「みなさんありがとうって思う」

引き続き、范博文の手記を紹介していこう。

それで働けば働くほど、見えてきた闇黒がたくさんあります。給料が安いし、残業代含め手取り額は一一万円ぐらいしかなかったし、毎月、会社側が日中両方の組合に管理費を支払い、実に迂回《うかい》して私達から取ったお金としか思いません。そして三ヶ月ごとに必ず来る監理団体の人間は私達、弱者という研修生を守る側に立つべきなのに、会社側の言いなりになってしまいました。利益がある限りではそうするわけ。

どういうことで誰も早く帰国することを考えるようになるのでしょう、わたしもそうでした。もうこの仕事は私の夢に叶《かな》うどころか、損するばかり、帰国することを決めたわけ。

ここでいう「会社側が日中両方の組合に管理費を支払い」とは、正確には受け入れ企業が日本側の監理団体に払っている監理費を指す。金額は月額二万〜六万円程度だ。「監理」をほとんどおこなわずに監理費を徴収する組織も少なからずあり、一種の中間搾取だと指摘される例も多い。仮に監理費が給料に回ったならば、技能実習生の賃金水準はもうすこしはマシになるはずだからだ。

まあ、悪い事ばかりではなく、日本の素晴らしいところもたくさん見られてすごく嬉しい気持ちに、闇があればひかりもあるのです。太陽が落ちれば必ず朝になって上るのです。

毎日辞典を覚えつ忘れつ繰り返し暗記し丸ごと覚えたあと、日本語を通じ、厳しい情報統制が行われた中国では見えないことがたくさん見られ、勉強にもなると思います。その後、帰国したとはいえ、もう一度日本に来たい気持ちもこころの中に植え付けました。

ふるさとに帰ってから学歴もないし、大したことスキルもない、というわけで山田電気みたいな電気屋で働いて、その後、警備員もしました。仕事の合間を縫ってネットを通して毎日四時間ほど、日本語の勉強をしたり、様々な記事を読んだあと、感想文を書いたりしてだんだん留学生としてもう一度チャレンジしたいという夢を膨らませ、留学することを決定しました。

やはり日本は先進国には先進国なりのいいところがたくさんありまして生まれつきの反骨心を持つ私はどうしても倒れ、ひどい仕打ちを受けたところでひっくり返したいんです。

人生とは不思議なもの、倒れたまま、立ち上げられず、終わりか、それとも勇気を持って何度も自分に社会に挑戦するか、人生を大きく左右することはきっとできます。失敗しては立ち上げ挑戦します。私はそう思います。

私が二〇一八年一二月二六日に『文春オンライン』に解説付きで寄稿した范博文の手記「『俺は奴隷じゃない』『洗脳された』日本語〝最強〟技能実習生の独白日記」(https://bunshun.jp/articles/-/10154) は、ページビュー数が一〇万件を上回った。一人が複数回閲覧しているケースもあるはずだが、少なくとも数万人規模の人の目に触れたのは間違いない。

結果、私がもくろんだ通り、相談に乗ってくれる日本語学校関係者や、范博文が受験しやすい大学探しを手伝ってくれる人が何人も連絡をくれた。情報はどんどん集まり、私と范博文は二〇一九年の春ごろまで、さまざまな方策を検討し続けた。

〝日本には恩人がたくさんいる。みなさんありがとうって思う〟

彼はそう喜んだ。

偽装留学生「以下」の人材

だが、結論を書けば、范博文は日本への留学を事実上断念した。

中国人が日本に留学する場合の「いったん日本語学校を経由しなくてはならない」とする進学ルートの拘束力は、かなり強いものだったのだ。

しかし上記の手記からも明らかなように、范博文の日本語能力はもはや語学学校に通学する必要がない水準にある。それなのに高い学費を支払って日本語学校に通い、おおむね一年間を過ごすのはあまりにもばからしい。

日本語学校を経由しない場合、中国で現地入試を実施している日本の一部の大学の選考に挑戦する方法もある。だが、現地入試は学力のハードルが高く、英語を含めた各大学独自の試験や、日本留学試験（ＥＪＵ）の受験が必要とされる例が多い。范博文は英語ができないうえ、ＥＪＵはセンター試験に近い内容の試験なので、かなりの受験対策が必要だ。

しかも、仮に時間をかけて筆記試験を突破した場合でも、書類選考や面接試験でライバルとなる他の受験生たちは、中産階層以上の家庭で生まれ育った一八〜一九歳のキラキラした若者たちだ。受験時点では三〇代前半になっている小汚い中年肉体労働者の范博文が、彼らよりも高く評価されることはまずありえない。

もちろん、中国国内の怪しげなブローカーに日本円で一〇〇万円単位のお金を払って話をつけてもらう方法はあった。ただ、これは費用がかかりすぎるうえに不透明な部分が多い。

ここまで日本語ができる人間が日本で学ぶために、非合法すれすれのような方法しか残っていないのか。

信じられない話だったが、手を尽くして調べれば調べるほど、范博文のケースでは取れる方策が非常に限られていることが判明した。「ああ、この人なら大丈夫でしょう」「あれ……、無理みたいです」といったやりとりをした大学関係者や日本語学校関係者が何人もいた。

いっぽう、私たちが留学作戦を検討中だった二〇一九年三月、群馬県伊勢崎市に本部を置く東京福祉大学で大量の留学生が所在不明になっているニュースが報じられた。同年六月一一日に文部科学省などが公表した調査結果によれば、同校は二〇一六～二〇一八年度に約一万二〇〇〇人もの留学生を受け入れていたが、うち一六一〇人が所在不明、七〇〇人が退学、一七八人が除籍になっていたという。多くは就労目的の偽装留学生だったとみられた。また、前年の二〇一八年九月にも、大阪の日中文化芸術専門学校で留学生三〇〇人以上が除籍処分になっている。

勉強する気がなく日本語もほとんど話せない外国人でも、一定のレールに乗ることができれば日本に留学することは簡単である。ただ、范博文にその門戸はほとんど開かれていない。

〝時間とお金を無駄にした。技能実習生にならなきゃよかったんだ〟

そう話す彼は正しかった。二〇一三年九月、岐阜県に向けて出国した当時、彼はまだ二四歳だったのである。いずれにせよブローカーから多額の費用を取られていたはずだが、このときに技能実習生ではなく日本語学校への留学を選んでいれば、いまごろはとっくに大卒の社会人として、日本なり中国なりで働けていたはずなのだ。

かつては頻繁だった范博文からの連絡は、情勢が想像以上に絶望的だとわかった二〇一九年七月ごろから徐々に減りはじめ、一一月には完全に途絶えてしまった。

もちろん、彼の留学がうまくいかないことについて、私も理屈としては原因がよくわかっている。日本政府や日本国内の各種教育機関の立場からすれば、中国内陸部の貧しい地方都市の出身である三〇代の高卒肉体労働者は、わざわざ受け入れるだけの価値を感じない「〝低度〟外国人材」の最たるものだからだ。理解はできる。ただ、釈然としない思いは残る。

現在、私はすでに府中市を離れ、仕事場を別の場所に移した。いま手元に残っているのは、南昌市内の裏路地で郡山が撮影した「大仏様」のポートレートと、多摩大の面接前にスーツを着させられて府中市内の仕事場ではにかんでいる彼の写真、そしてスマホの内部に蓄積された大量のＱＱの会話ログだけだ。

それが、うちの六畳間で暮らしていた、困った居候の痕跡のすべてである。

第七章

「群馬の兄貴」の罪と罰

——北関東家畜窃盗疑惑の黒い霧

扉写真　ブタの解体が行われたアパートの浴室

一九人が暮らす家

抜けるような青空の下、畑とビニールハウスがどこまでも広がっていた。

二〇二〇年一一月一三日午後。ここは群馬県太田市新田《にった》上中町《かみなかちょう》である。近くの空き地には、車体の左前方がひしゃげてナンバーがむしり取られた軽自動車が朽ちるに任され、周囲にはずいぶん以前に遺棄されたらしきブラウン管テレビやラジカセの残骸《ざんがい》が散らばっている。私は付近にレンタカーを停め、通訳を務めてくれるベトナム難民二世のチー（はじめに、第二章参照）に声をかけた。

「今から行く場所はマフィアの拠点かもしれない。警察のガサ入れ後だから、僕らは危害を加えられないと思うけれど、気は抜かずに」

土の付いた太いネギが葉を伸ばす畑の脇を通り、小さな戸建てが四棟並び建つ貸家へと向かう。二棟目と三棟目が、目当ての人々の住処のようだった。

インターホンを鳴らしても反応はなかったが、玄関脇に放置された生ゴミがまだ新しい。洗濯物も干されっぱなしである。しかも二棟目の家屋の縁側のサッシ戸の外には、中国西南部の少数民族やベトナム人がよく吸う、巨大な竹製の煙草パイプがサンダルとともに放置されていた。放し飼いにされている生きたニワトリが周囲を走り回っている。

「Có ai không《コ アイ コン》?..」（誰かいますかあ?..）

チーが呼ばわったが、相変わらず反応はない。だが、調べてみると縁側のサッシ戸の鍵《かぎ》が開いていた。そっと戸を横にずらして室内をのぞき込むと、煙草の吸殻と飲みかけのペットボトル、さらに外国人らしきカタカナの氏名が書かれた公共料金の督促状の束が見えた。電気とガスは、それぞれ請求先の名義人が異なっているようだ。

とりあえずスマホを構え、写真におさめている——と。

突然奥の襖《ふすま》が開き、髪を茶色に染めた東南アジア系の青年が顔を出した。

「おい。お前たちもブタの盗難の件で来たんだろう？　仲間が捕まってから、日本人の記者どもが大勢、写真を撮りにきて気分が悪いんだ。さっさと出ていけ！」

露骨に不機嫌そうな表情を浮かべ、ベトナム語で激しくまくし立てる青年を、チーと一緒に粘り強くなだめる。すると、彼は私たちと言葉が通じることやチーが同世代であることに安心したのか、次第に態度を軟化させていき、ついに「上がれよ」と屋内に迎え入れてくれた。根は悪い人間ではなさそうだ。

彼は二五歳のヴァン（仮名）と名乗った。故郷のベトナムに妻と幼い息子を残し、二〇一八年に来日。名古屋の建設現場で技能実習生として働いていたが、低賃金と劣悪な労働環境に辟易《へきえき》し、約一年前に実習先から逃亡した。すなわち、この本で何度も紹介した、ベトナム人不法滞在・就労者である「ボドイ」の一人になった。

ヴァンは知人の家を転々として不法就労を続けていたが、コロナ禍で失職した。やがて、二〜三ヶ月前にフェイスブックのボドイ・コミュニティで群馬県にシェアハウスがあるという情報を知り、この貸家で他の同胞たちと共同生活をはじめたのだという。

ボドイたちの隠れ家となっているこの物件は、見たところ専有面積が一棟あたり七〇平米ほどあり、間取りは4Kだ。ヴァンによると一棟あたりの家賃は月三〜四万円で、光熱費を加えた金額を居住者の人数で頭割りしている。住む人間が増えるほど金銭的に楽になる仕組みだ。

もっとも、実際に上がりこんで観察する限り、快適な住居とは言いがたい。古い住宅に特有の饐《す》えた臭いと、肉や米の臭い。さらに、ベトナム人労働者たちの体臭や煙草臭やアンモニア臭が混じった独特の臭気が、マスク越しですら私の鼻孔に飛び込んでくる。暮らしている人間が多すぎるのだろう。

その後、隣家に住んでいる日本人の大家（七三歳）に取材したところでは、四〜五年前に賃貸契約を結んだ相手は流暢《りゅうちょう》な日本語を話す在日ベトナム人の会社員で、しっかりした人物に見えたという。やがて、貸家で数人のベトナム人の若者たちが生活しはじめた気配があった。

しかし、コロナ禍の前後から大家も知らぬ間に居住者が急増する。二〇二〇年一〇月に群馬県警の家宅捜索（後述）がおこなわれた時点では、二〇～三〇代のボドイの男女がなんと一九人も集まり暮らすようになっていた。

「みんなコロナで失業したのさ。すでに入管に出頭済みの仲間もいた。でも、航空便が減って帰国手段がほとんどないからと、家に帰されていたんだ。なのにこの前、警官がいきなり大勢やってきて、入管法違反で一三人も逮捕した。何がどうなっているんだ？　日本の警察のやることはわけがわからないよ」

ひっきりなしに煙草をふかし続けながら、ヴァンはそう愚痴った。先日の家宅捜索のときには彼自身も逮捕されたが、余罪がなくすぐ釈放されたという。

一三人が捕まる大捕物

二〇二〇年の夏以降、北関東一帯ではコロナ禍のなかで家畜や果物の大規模窃盗が表面化し、世間の関心を集めるようになった。

群馬県内の地方紙『上毛新聞』によれば、九月末までに群馬県内でブタ約七二〇頭、ニワトリ約一四〇羽、ウシ一頭とナシ約五七〇〇個などの盗難が確認され、被害総額は約二七〇〇万円に及んだとされる。また埼玉県でのブタ約一三〇頭の盗難被害をはじめとして、家畜と果物の被害は群馬・埼玉・栃木県境の半径五〇キロの地域に集中していた。

生きた家畜の窃盗は、犯人ら自身が適切な食肉処理をおこなえるか、もしくは家畜を転売できるルートを確保できている必要がある。

しかし、現代の日本の家畜は食肉工場における畜検査が義務付けられており、処理に先立っては一頭ずつ過去の病歴までも精査される。どこの牧場で育ったかの来歴が定かならぬ盗難家畜が、まともな食品工場で食肉処理されることはかなり難しい。

ゆえに、北関東の家畜大量窃盗については、生きた家畜を捌《さば》ける技術を持つ外国人の関与を疑う推測が、夏ごろから密かに囁《ささや》かれていた。だが、明確な証拠が出ないまま、季節は秋を迎えていた。

ところが一〇月二六日になって情勢は大きく動く。太田市新田上中町――。すなわち、私が訪ねた二棟の貸家に群馬県警の捜査員およそ一八〇人が向かい、六時間にわたり家宅捜索。居住していたベトナム人の男女一九人のうち、一三人を逮捕する大捕物をおこなったのだ。

以下、一〇月二七日付けの『上毛新聞』の記事を引用しよう。

　群馬県内外の農家から家畜や果物が相次いで盗まれた窃盗事件に絡み、群馬県警は26日、入管難民法違反の疑いで、太田市に住むいずれもベトナム国籍の20～30代の男女計13人を逮捕した。会員制交流サイト（ＳＮＳ）に家畜の売却に関する投稿があり、内容などからベトナム人らの関与が浮上。市内の民家を同日家宅捜索し、冷凍の鶏肉約30羽分を発見したほか、果物などを県外に発送した際に使われたとみられる伝票類を押収した。県警はグループの一部が連続窃盗に関与した疑いがあるとみて捜査している。（中略）

（※筆者注　家畜窃盗の）被害が相次ぐ中、県警はベトナム人が利用するＳＮＳで豚の解体の様子や果物の写真などが投稿されているのを見つけ、内容を分析。８月中旬に、伊勢崎市のベトナム料理店から出てきた軽乗用車が太田市の民家に戻り、その後、ベトナム人男女が同市の配送センターから果物を発送しているのを確認した。過去には肉を発送していたことも判明した。

この民家から男３人が埼玉県北部のナシ畑に向かい、付近を物色していたことも分かっている。この畑では大量のナシの盗難が確認された。

こうした状況などから、県警は民家が連続窃盗の拠点となった可能性があるとみて、26日に入管難民法違反などの容疑で家宅捜索し、冷凍した鶏肉などを見つけたという。県警は複数のグループが転売目的で家畜などの窃盗を繰り返し、ＳＮＳなどで購入者を募っていた可能性があるとみて、それぞれの販売ルートなど全容解明を急いでいる。

（『上毛新聞』「家畜窃盗に関与か ベトナム人男女13人 入管難民法違反疑いで逮捕」）

新聞不況により、大手紙が国内地方局の人員削減を進めるなかで、群馬県警とのコネクションが強い地元紙の記事は貴重だ。

県警の立場としては、目下の騒ぎになっている家畜大量窃盗事件を取り仕切る在日ベトナム人マフィア組織の拠点に対して華々しい逮捕劇を展開し、地域住民の不安に応《こた》えたというところだろう。ひとまずは入管法違反容疑による別件逮捕でも、とにかく怪しげなベトナム人たちの身柄を押さえてしまえば、本丸である家畜窃盗事件の全容解明も進むはずというわけだ。事実、他の全国紙やキー局も、貸家の床下からは約三〇羽の冷凍ニワトリが見つかったとする県警の情報を大々的に報じ、家畜窃盗事件との関係を報じ続けた。

摘発された〝群馬の兄貴〟

この大捕物で主犯格と目されたのが、三九歳の自称カラオケ店経営、レ・ティ・トゥン容疑者だった。彼はフェイスブック上で〝群馬の兄貴〟(Anh《アイン》 Cả《カー》 Gunma《グンマ》)なる通り名を名乗り、豚や果物の写真と値段を投稿、買い手を募っていたとされる(逮捕後、投稿の多くは何者かにより削除された)。

――彼らの逮捕は、日本国内で大きな話題になった。

その理由は、社会がコロナ禍に包まれるなか、夏以来の大きな謎が解決した（と思われた）ことへのカタルシスに加えて、「ブタを盗んだ〝群馬の兄貴〟」という言葉の響きが面白すぎたためだった。しかも〝兄貴〟は、左手いっぱいに彫《ほ》られたタトゥーとスキンヘッドという、特徴がありすぎる外見をしていたのである。

ベトナム人ばかり、三〇〇〇人以上ものフレンドを持つ彼のフェイスブックページのヘッダー画像も、日本のインターネット上で広まり少なからず話題になった。

まず、上半身裸でマッカーサーさながらのアビエーター・サングラスを掛け、銃らしき物体を手に立つ〝兄貴〟。彼の左隣では、モヒカン刈りの金髪で胸にタトゥーを入れた男が、諸肌《もろはだ》脱ぎで巨大な刃物を手にしている。さらに〝兄貴〟の右側にも、ガラの悪そうな青年数人が刃物や角材を手に侍《はべ》っている。

容疑は入管法違反とはいえ、堅気《かたぎ》には到底見えない怪しげな外国人集団が一網打尽にされた。さらに前後して、群馬県太田市由良《ゆら》町や館林市、埼玉県上里町《かみさとまち》三町《みまち》などでも、アパートの室内でブタを解体したベトナム人技能実習生やボドイたちが、入管法違反や、と畜場法違反などの容疑で次々と逮捕された。

ニュースは翻訳されてベトナムにも伝わり、〝兄貴〟のフェイスブックページには「国家の恥」「ブタ泥棒」と彼を罵倒《ばとう》するベトナム語の投稿が数百件も寄せられた。北関東の家畜

「群馬の兄貴」ことトゥン（左から２人目）と舎弟たち。フェイスブックにアップされていた（トゥン以外の人物には目線を入れた）

大規模窃盗事件の解決も、時間の問題かと思われた。

しかし、話はこれで終わらなかった。

〝兄貴〟と仲間たち五人は、やがて偽造在留カード所持や無免許運転などの容疑で群馬県警に再逮捕された。また、もうひとりの主犯格だった三五歳のボー・ホワイ・ナム容疑者も、借金返済をめぐって埼玉県内在住の二〇代のベトナム人男性を例の貸家に拉致《らち》監禁したとする営利目的略取・逮捕監禁容疑で、埼玉県警に再逮捕された。

だが、彼らは逮捕容疑それ自体については認めたのだが、群馬県警が本来解明を目指していた家畜窃盗については、なぜか揃って否認を続けたのだ。

各地で逮捕された他のベトナム人たちからも充分な情報はなく、彼らの大部分が不起訴処分とされた。新田上中町の〝兄貴ハウス〟の主要メンバーは、二度目の勾留《こうりゅう》期限を迎えた後もさらに道交法違反などで再逮捕され、一〇月二六日から二ヶ月以上も群馬県警に勾留され続ける羽目に陥った（なお、〝兄貴〟は出入国管理法違反（不法残留）は不起訴処分となったものの、道路交通法違反（無免許運転）で起訴期限の切れる直前の一二月一一日に起訴された）が、やはり家畜窃盗の件は認めないままだった。

事件は、意外にも長期化の様相を見せはじめた。

ペルー夫人に隠れ家を尋ねる

話をすこし戻そう。

一一月一六日午後。私は通訳のチーとともに、埼玉県上里町三町の路上を歩いていた。この日の行き先は、ブタを解体したベトナム人のボドイたちが暮らしていたはずのアパートの部屋である。報道によれば、一〇月一一日から埼玉県警の捜査が入り、入管法違反で数人を逮捕。なかでも、主犯格である二九歳のチャン・スアン・コン容疑者については、翌月にと畜場法違反の容疑でも再逮捕、起訴された（一二月二八日、さいたま地裁熊谷支部において懲役一年六ヶ月、執行猶予三年の判決）。

彼らはみなコロナ禍で帰国もままならず、日本語もほとんどできない人たちであるはずだ。ゆえに、たとえ警察に踏み込まれたとしても転居は容易ではなく、ブタ解体グループの仲間や同居者のうちで逮捕を免れたり釈放されたりした人たちは、捜査の後もそのまま同じ部屋に住み続けている可能性が高いと思われた。

高崎線神保原《じんぼはら》駅前から呼んだ地元のタクシー運転手に事情を尋ねてみたところ、当該のアパートはあっさりと見つかった。ベトナム人に限らず、外国人らしき住民がかなり多く入居しており、しかも最寄り駅から徒歩三八分という距離ゆえに配車の需要もあるので、運転手たちの間ではそれなりに知られた場所らしい。

アパートは田んぼと工場のすぐ近くに建っていた。到着後、周囲をぐるぐると歩いていると、問題のベトナム人たちが暮らす部屋の隣家のベランダで、妊娠中のお腹を抱えているのに缶ビールを傾けている三〇代後半くらいの女性を見つけた。

「隣のベトナムの人たち、逮捕前は外でしょっちゅうBBQしていたのよ。うるさくってケンカしちゃったこともあったわねえ。仲間が大勢出入りしていたけれど、働きに出ている様子はなくってね。何の仕事をしているのかしらと思っていたんだ」

ラテン系の雰囲気を感じたので、最初はフィリピン人かと思ったが、話しかけてみるとペルー人だった。さいわい気っ風のいい姉御肌で、流暢な日本語が話せる人だ。

話の途中で後ろの戸が開き、小学校の体操服姿の彼女の娘が顔を出す。その後ろにはよちよち歩きの弟たちが数人。子沢山の家庭のようだ。さておき、彼女は続ける。

「彼らがこっそり肉を売っているって噂も、前からあったわね。まあ、あたしもバカじゃないからさ。うすうす察していたって、あえて事情を聞いたりしなかったわけよ。みんな、いろいろあるんだからさ」

彼女の話では、隣室を挟んだもうひとつ隣に住む日本人の高齢者父子とともに、ボドイたちの振る舞いには手を焼いていたという。なお、アパートの家賃は月四万円だ。賃貸情報を検索してみたところ、物件は築三三年で、専有面積は約四九平米の3DK。部屋が広いとはいえ、立地の悪さを考えればそれなりの値段の家賃だが、入居審査が甘いなど、文字情報ではあらわれない部分でメリットのある物件なのかもしれない。

ペルー夫人に礼を言って辞去し、問題のボドイ部屋を観察すると、昼間なのに閉めっぱなしのカーテンから光が漏れていた。玄関先に回ると、回りっぱなしの換気扇の音が聞こえ、ダクトからはカビ臭が混じった腐臭が漏れ出ている。内部に誰かがいるのは確実だった。

いったんアパートから撤退し、徒歩で一キロあまり離れたローソン上里三町店に向かう。私とチーが、ボドイたちに差し入れるビールのロング缶一二本と煙草が入ったビニール袋を持って現場に戻ってきたときには、周囲はすでに暗くなっていた。

ブタ解体アパートに突撃

「Anh《アイン》 ơi《オイ》 ！」（どうも、お兄さーん！）

アポ無しでインターホンを押し、チーを促して呼びかけてもらう。

最初は反応がなかったが、諦めずに何度も呼びかけ続けていると、ハーフパンツに白シャツ姿の長身の青年が顔を出した。はっきりしたカットラインの髪型で、髪を頭の上半分だけ茶色に染めている外見は、明らかに日本人ではなさそうだ。事前に打ち合わせをしていた通り、チーが一気に畳み掛ける。

「やあ、一緒にビールを飲まないか？　こっちは日本人の記者だ。警察じゃないから安心してね。さあ、乾杯しようぜ！」

青年は驚いた様子だったが、手土産のビールが効いたのか初対面にもかかわらず部屋に上げてくれた。

青年の名前はカン（仮名）といい、ハノイ郊外出身の二〇歳だった。虐待的な待遇を嫌がり、高知県の建設現場から逃亡した元技能実習生で、コロナ禍によって食い詰めた四〜五ヶ月前にこの部屋にたどり着いたという。他の仲間は外出中で、いるのはたまたま彼一人だった。

カンの経歴は群馬県の〝兄貴ハウス〟のヴァンとよく似ていたが、住環境はこちらのほうが不衛生である。室内はほとんど掃除がされておらず、大小のゴキブリの子どもが汚れた壁を走り、腐臭のなかで大きな銀蠅《ぎんばえ》が何匹も飛び回っている。換気ダクトを通じて室外まで異臭が漂い出していたのも納得するような不潔さだった。

部屋の片隅には、困窮した同胞に食糧を支援している埼玉県本庄市のベトナム仏教寺院、大恩寺《チュア・ダイ・アン》からもらった米袋が放り出されている。室内にある電化製品は、台所の大型冷蔵庫と、居間の炊飯器、洗い場の洗濯機だけだ。テレビやステレオ、パソコンなど文化生活に関連した家電は一切なく、それどころか日本語の教科書を含めて書籍の一冊すら見当たらなかった。現代の生活はスマホさえあれば多くのことが事足りるとはいえ、殺伐とした印象の強い部屋だった。

だが、カンと三人で車座になって缶ビールを開け、煙草を勧めていると、一缶が空になる頃には打ち解けた話ができるようになった。

「今年の夏、深夜〇時～午前二時ごろになると、仲間が夜な夜な風呂場でブタを解体していた。一頭だけじゃなかったと思う」

カンはブタの解体に関与しておらず、と畜場法違反容疑で逮捕されたコンともあまり親しくなかった。ゆえに、かえって口が軽い。

「僕が見たブタは、体重七〇～八〇キロの成獣だった。部屋に来たときはすでに死んでいたが、血抜きなんかの下処理は一切されていなかった。フェイスブックのボドイ・コミュニティ経由で買ったと思うから、売り手もベトナム人だよね」

ブタの解体は力仕事であり、ベトナムでは男の役目だ。技能実習生になるベトナム人は農村出身者が多く、ブタの捌き方くらいはみんな知っている。私が「そもそも、日本で個人がブタを捌くのは違法行為だという知識はあった？」と尋ねると、カンは言う。

「さすがに知っていたはずだ。それに成獣のブタを丸ごと一頭なんて、養豚場から盗まれたこともだいたい想像がつくさ。でも、カネのために仕方なくやったんだと思う」

埼玉県警に逮捕されたコンの供述によると、ブタは一万五〇〇〇円で購入。解体したのは一頭だけで、肉は仲間と分け合い、食べたとされている。しかしカンは、実際は自分たちではほとんど食べていないと話す。

「ブタを捌いたのは、フェイスブックを通じて他のベトナム人に売るためだよ。捌きたてが新鮮だ。それに、ブタは骨付き肉がおいしいんだけど、日本ではあまり売っていない。来歴のわからない肉でも、安く売れば買う人はいるよ」

儲《もう》けは薄く、手間とリスクを考えれば割に合わないが、コロナ禍で失業したベトナム人不法滞在者には現金収入になるだけでも貴重なのだ。

ちなみに、主犯のコンたちの逮捕は、隣県の〝兄貴ハウス〟の強制捜査に先立つ一〇月一一日だった。ボドイたちが家の前の駐車場でBBQをおこなって騒いでいたところを、業を煮やした隣室の日本人父子によって警察に通報されたのだ。やがて説諭にやって来た警官が、彼らに対して手続き的に身分証明書の提示を求めたところ、不法滞在者なので提示できない人ばかりだったため、ひとまず身柄を確保した。

「押収されたスマホのなかを署内で調べられたときに、風呂場でブタを解体している写真が出てきてさ。『これはどういうことだ?』って話になって、再逮捕されちゃったんだ」

家畜窃盗事件について、埼玉・群馬の両県警が本腰を入れはじめていた時期だったことで、ブタの解体についても問題視されたのである。ただ、カンは言う。

「〝群馬の兄貴〟の名は聞いたことがあるが、よく知らない。僕らの仲間とは関係ないと思う。由良町や館林市で捕まった連中も、僕らと関係ないはずだよ」

やがて、ブタの解体をおこなった浴室を見せてもらった。他の部屋と同様、掃除されている形跡がなく、浴槽も洗い場も黒ずんでいる。ブタから流れた血の痕《あと》か、単なる黒ずみかにわかに判断がつかない。非衛生的な環境で食肉が扱われたことだけは確かだろう。

〝兄貴ハウス〟で雑草を食う

「また来たのか？　せっかくだし上がっていけよ。ごちそうするぜ」

一一月二二日夜。私と通訳のチーが太田市新田上中町の〝兄貴ハウス〟を再訪すると、すでに顔見知りであるヴァンから、それなりに友好的なムードで迎え入れられた。私とチーはアジア物産店で調達した冷凍アヒル一羽とライギョ一匹に加えて、差し入れのコメ・ビール・煙草などを抱え、あえて食事時に彼らを訪ねてみたのだ。

隣の棟の貸家からも夕食を食べに来ているらしく、私たちは一〇人ほどの男女とともに食卓を囲んだ。彼らのうち、二九歳の女性・タン（仮名）と男性三人は、一週間前に警察から釈放されたばかりである。

三人の男性はスキンヘッドで威圧感があったが、理由を尋ねると、留置場でシャワーを五日に一回しか浴びられず、蒸れるので剃《そ》ったと話した（後日、そうではないことが判明したが）。残りの男女はヴァンやタンと同じく、貧しげな身なりをした普通のベトナム人の若者たちだった。全員が逃亡技能実習生、すなわちボドイである。

「さあ、食おう。口に合うか？」

夕食のメニューは、近所のため池で釣った小鮒《こぶな》の唐揚げと、道端《みちばた》に生えていた雑草の唐辛子あえ、大恩寺でもらった白米、さらに蒸し鶏だ。小鮒と雑草は意外なほど美味だった。

蒸し鶏は一羽をまるごと蒸し、男性が巨大な中華包丁で骨ごと叩《たた》き切ったものである。約一ヶ月前に彼らが群馬県警の家宅捜索を受けた際、冷凍のニワトリ三〇羽が発見されたニュースを思い出した。

「日本の警察は、私たちがニワトリを丸ごと食べると知らないから、養鶏場から盗んだものだと勘違いした。でも、うちのニワトリは、普通に店で買っているんだ」

そう話すタンによって台所に案内された。先日のカンたちが住んでいた上里町三町のアパートと比べると、こちらは女性の住人も暮らしているためか、まだしも清潔な環境だ。彼女が「見なよ」と業務用の上開き冷凍庫を開けてみせると、内部には一羽丸ごとの冷凍ニワトリがぎっしりと詰まっていた。

「太田市内のタイ料理店で、三羽一〇〇〇円で買える。大所帯だから、たくさん冷凍して保存してるだけ。ブタの肉も、過去にフェイスブック経由で買ったことはあるけれど、盗んだことはない。普段は埼玉県本庄市にある食肉工場直営の肉屋で買うことが多い」

タンの話に嘘はなさそうだ（事実、これらの店は私が翌日取材に行くといずれも実在した）。ヴァンも言う。

「俺たちがブタ泥棒なんて冗談じゃない。確かに不法滞在や不法就労はやっているし、そのために偽造カードを持っていた仲間もいる。それに、ボドイが日本で運転するときは、みんな無免許運転だ。これは確かにその通りだが、ブタ泥棒については本当にやっていないんだ」

「兄貴キッチン」。左のタイル柄のシートの下に業務用冷凍庫がある

それならば、現在も留置所にいる〝群馬の兄貴〟は窃盗に関与しなかったのか。ヴァンたちは口々に言う。

「彼も不法滞在者だったはず。この家の住人ではいちばん年上だから〝Anh《アイン》〟（兄貴、年長者）と呼んでいたけれど、それだけのことだ」

「ネットでマフィアの元締めみたいに言われているのは、違う。タトゥーを入れるベトナム人は多いし、それだけで反社会的な組織の人間だとは限らない」

「最近この家に移り住んだから、彼のことはよく知らない。たくさんいる同居人の一人だと思っていた」

驚いたことに、食卓を囲む約一〇人の男女は、誰一人として〝兄貴〟と家畜窃盗の関係を認めなかった。口調からなにかを恐れているような雰囲気も感じられない。

そもそも、一部の報道のように〝兄貴〟が不良ベトナム人マフィアの元締めのような人物であれば、こんな貸家で他のボドイたちと小鮒や雑草を食べ、雑魚寝をして暮らすような生活はしていないだろう。彼はこの、月四万円の貸家の代表者ですらなく、一住人にすぎなかったらしいのだ。

「群馬の兄貴」の正体は?

ヴァンたちの証言は、私がこの前後に群馬・埼玉両県で他のベトナム人に聞き込みをおこなった印象とも、おおむね一致していた。

〝兄貴〟ことレ・ティ・トゥンは、伊勢崎市内にあった「カラオケ・ハノイ」という在日ベトナム人向けの飲食店の雇われ店長だったとされる（経営者とする説もある）。なお、店舗はすでに閉店済みだ。

正規の就労ビザ（「技人国」ビザ、後述）を持ち太田市で一〇年以上暮らしている、在日ベトナム人会社員のトン（仮名、三一歳）は話す。

「カラオケ・ハノイは同胞たちがポーカー賭博《とばく》をおこなう場所として使われていた。例の〝兄貴〟は他にもサッカー賭博の取りまとめや、母国への送金などを手掛け、近ごろはネットで有名人だった。ただ、彼は本物のマフィアじゃないし、金持ちでもない」

〝兄貴〟と直接の面識を持つ、関東地方の在日ベトナム人社会で指導的な立場にある四〇代女性も、匿名を条件にこう打ち明ける。

「外見はヤンチャに見えますが、大規模な窃盗団を率いるような悪い人物じゃないんです。友人の恋人がコロナ流行下で妊娠した際、帰国できるように手を尽くすなど、親切で人望もある人でした」

〝兄貴〟につながる人物は他にもいる。人づてにしか話を聞くことができなかったが、彼が現在のような強面《こわもて》の人物に変わる以前の知人である。

「……トゥン君はベトナムで短大を卒業した後、最初は留学生として日本にやってきて、日本語学校に入った。時期はよくわからないけれど、二〇一〇年代以降なのは、ほぼ間違いない。当時の彼は小柄でかわいらしい感じの、優しげな男だった。もちろん、現在のスキンヘッド姿とは違って髪の毛はあったし、タトゥーだって入れていなかった」

話によれば、〝群馬の兄貴〟になる前のレ・ティ・トゥンは、そんな弱々しい印象の、真面目な在日ベトナム人だったらしい。トゥンは日本語があまりできなかったが、やがて日本国内で専門学校に進学。卒業後は日本の合法的な就労可能ビザである、通称「技人国」(技術・人文知識・国際業務)ビザを取得している。なんと、逃亡技能実習生である他のボドイたちとは違って、かつてのトゥンはビザの上では「〝低度〟外国人材」ではなかったようなのだ。

だが、その後に彼の人生は一気に転落する。現在の新田上中町の〝兄貴ハウス〟に住み、近くの旋盤工場で働きはじめたトゥンは仕事に馴染《なじ》めず、一年半の在留期限を残して、入管から技人国ビザを停止され、短期滞在ビザに変更されてしまったのだ(技人国ビザは、法律上の定義では「理学、工学その他の自然科学の分野若《も》しくは法律学、経済学、社会学その他の人文科学の分野に属する技術若しくは知識を要する業務又は外国の文化に基盤を有する思考若しくは感受性を必要とする業務」に就業することが求められるため、たとえば就業後に単純作業しかおこなっていなかったり、分野外の仕事だけをおこなっていたりすると、ビザが取り消されてしまうことがある)。

このときのビザ取り消しは、行政書士に相談するなどすれば解決できる可能性があったらしいが、気の小さいトゥンはショックで会社から離れ、ボドイになってしまったという。なお、私がこれらの情報を聞いたのは、トゥンの旋盤工場時代の同僚からである。

「トゥンが身体にタトゥーを入れ、スキンヘッドになったのは二〇一九年の旧正月（テト）だ。彼が技人国ビザを停められた直後のことだったと思う。もっとも、このときのタトゥーは腕の一部に入れただけだった」

なんと、小柄で気弱なベトナム人労働者だったトゥンが、上半身裸でアビエーター・サングラスを掛けた〝群馬の兄貴〟に変わったのは、群馬県警による一斉逮捕劇から数えれば、わずか一年九ヶ月足らず前の出来事だったようなのだ。

三〇代後半（おそらく三七〜三八歳）にして日本で不良デビューを果たしたトゥンの生活は、どんどん荒れていった。「カラオケ・ハノイ」の雇われ店長になったり、ポーカー賭博やサッカー賭博に関わったりしたのも、この時期以降だ。

「悪い友だちが増えていった。ちょっと羽振りがよくなり、仲間を集めて大規模なパーティーを開いたりするようになったのも、それからのことだよ。タトゥーも増えた。でも、ブタ泥棒に関わったって噂は聞いたことがなかったな」

やがて今年一〇月下旬のある日、旋盤工場の空にやけに警察のヘリが飛び、近所を大量のパトカーが走り回った。かつてのトゥンの同僚たちが何が起きたかと顔を見合わせていると、夜のニュースに見知った顔が流れた。これが、過去のトゥンを知るベトナム人労働者から見た〝群馬の兄貴〟の逮捕事件だった。

真相

トゥン一派の家畜窃盗疑惑は、蜃気楼《しんきろう》の塔に似ていた。

遠くから見ると巨大な組織犯罪がおこなわれていたように見えるのだが、近づいて当事者に近い筋から話を聞いていくと、途端にきれいさっぱり消え失せてしまう。

二〇二〇年一〇月上旬以来、家畜窃盗事件がらみとみられる捜査のなかで、群馬県警は二〇人近くのベトナム人を入管法違反や、と畜場法違反、道交法違反などで逮捕してきたが、送検後に前橋地検が逮捕事実で起訴したのは、わずか四件だ。特にトゥンについては、逮捕直後に県警がマスコミ各社に対して彼が家畜窃盗犯であることを匂わせるリークをおこなってから、別件逮捕をおこない、六〇日間以上も勾留したうえ、外部からの接見まで禁じて起訴をしたにもかかわらず、肝心の家畜窃盗容疑についての捜査は空振りに終わりそうな気配なのだ。

NHK(一一月二五日放送)によれば、在日ベトナム人たちの間には、肉の売買を呼びかける広告投稿をSNSに書き込み、実際に注文が入ると投稿者に一〇〇〇円のマージンが入るというシステムがあったとされる。肉の買い手がいれば、売り手とみられる連絡先を相手に伝えるという、内職的な小遣い稼ぎだ。トゥンが自身のフェイスブック上でおこなっていたという肉の販売も、実態はこの手の小遣い稼ぎにすぎなかったのではないか。

取材を進めた印象と、なにより埼玉県警や群馬県警の捜査の迷走ぶりを見る限り、少なくとも家畜窃盗に関しては、トゥンや仲間たちは無実の罪で逮捕されているように感じざるを得ない。

——ならば、令和二年の北関東を騒がせた家畜窃盗事件の真相はいかなるものだったのか。

ここでヒントになるのは、家畜や果物の大規模窃盗が二〇二〇年の夏以降に激増したとする日本国内のメディアの報道のなかに、数字のマジックが隠されていることである。

一一月下旬、私の取材に応じてくれた群馬県警の捜査関係者によれば、県内で「被害者が盗難に気付き」、最初の被害届を出したのは、七月になってからのことだったという。

畜産業者は当初、現代の日本社会でウシやブタが盗まれる事態について、そもそも半信半疑ではなかったかと思われる。また、一〇月二六日付け『産経新聞』が報じた四二歳の養鶏業者の例では、出荷時のニワトリの羽数確認が三回にわたって帳簿とズレたことで、ようやく約一一〇羽の盗難が判明したといい、盗難後もそれなりに時間が経たない限りは被害がわからないケースも少なからずありそうだ。実際の盗難行為は、二〇二〇年夏に畜産業者たちが被害に気付いて警察に通報するずっと以前から、長期にわたりおこなわれ、発生していた可能性がある。

また、報道のなかで膨大な被害頭数や被害総額が強調されたことからも、やはり認識のミスリードが生まれた。

私が話を聞いた捜査関係者は、犯人たちが「一グループではなく」、また「一日に数頭」といった小規模な窃盗を、大量に繰り返している可能性を指摘している。日本の暴力団や中国マフィアなど、大規模な反社会的組織の関与も、家畜窃盗問題については考えにくいようだ。

すなわち、個人や小グループの単位での散発的な家畜窃盗が、以前から北関東の各地で少なからず横行しており、事態が表面化した二〇二〇年七月以降にあらためて精査をおこなったところ膨大な被害規模が明らかになった――。という仮説が考えられるのではないか。

事実、前出の在日ベトナム人会社員のトンはこう話している。

「(ベトナム人による)ブタやニワトリの盗難なんて、一〇年前からずっとやっている。最近になってバレるようになっただけだよ」

過去の実例も紹介しておこう。

私の取材に応じてくれた、都内のC大学で学ぶ日本人の女子大生は、二〇一六年ごろにボドイの男性と千葉県内で同棲・交際するという非常に変わった経歴の持ち主だった。彼女は当時「太田市内の技能実習生寮の庭で、ベトナム人実習生が養豚場から盗んできた子ブタの丸焼きを十数人で一緒に食べた」という。

「お風呂場で子ブタを絞めて、洗面器に血を出していました。血は別の料理で使うんです」

子ブタはベトナム料理に欠かせない食材だが、正規ルートで購入すれば数万円はかかる。しかし、畜産業者の警備が甘かった当時、子ブタは個人が簡単に盗むことができた。

長年、ベトナム人の技能実習生やボドイの間では、仲間とのパーティーのメインディッシュをこの手の方法で〝調達〟することが、ひそかに横行してきたらしいのだ（果物については、組織的に盗む例もあった模様である）。

二〇二〇年、コロナ禍によって多くの技能実習生やボドイが困窮し、帰国も難しいなかで八方塞《ふさ》がりに陥っていることは、すでに各所で報じられている。

生活費に困り、在日ベトナム人たちが長年バレない範囲でおこなってきた家畜や果物の窃盗行為に新規参入者が急増。派手にやりすぎたことで、日本人の目にとまってしまった――。

今回の事件が問題化した真相は、このあたりにあるように思える。

偏見と無法のスパイラルはすでに起きている

もちろん、トゥンたちとて決して品行方正な人たちではない。

トゥンと同じ日に逮捕され、やがて埼玉県警に再逮捕されたナムは、ギャンブルの借金を返さない相手を〝兄貴ハウス〟に拉致したと言われている（ただし同容疑では立件されず釈放）。

現在すでに釈放されている他の仲間の一部は、トゥンやナムと同じく強面のスキンヘッド軍団で、私が一二月に三回目の訪問取材をおこなったところ、頭髪を意図的に剃っていることを認めた。ベトナムで普及しているメッセージアプリの『Ｚａｌｏ』やフェイスブックで、二五歳のスキンヘッドのアカウントを調べてみると、賭博の写真や札束を抱えている写真を多数アップロードしているのも確認できた。トゥンが〝群馬の兄貴〟になってから付き合い出したという「悪い友だち」が彼らなのだろう。

最大で二棟に一九人が暮らしていたとされる〝兄貴ハウス〟は、ヴァンやかつてのトゥンのように気の弱そうなタイプの一般人から、アウトローの雰囲気を漂わせた強面の博徒集団まで雑多な人たちが雑居している。「一般人」タイプのボドイたちにしても、現在もなお無免許運転や不法就労を当たり前のようにおこなっている点で、やはり法を犯している。

――ただし、だからといって実際にはやっていない犯罪をやったことにされたり、延々と勾留され続けたりしていいものでもないだろう。

「なぜ、逮捕されてから弁護士に相談しなかったんですか?」

「俺たちはカネがないから、弁護士なんか雇えないよ」

二〇二〇年一一月二四日、私とチーは太田警察署内で丸刈りの小柄な青年に会っていた。前月二六日の家宅捜索の際にトゥンとともに入管法違反容疑で逮捕され、その後に偽造在留カード所持容疑で再逮捕されたブイ・バン・トゥン容疑者だ(こちらの名前も「トゥン」なので、ここは例外的に姓の「ブイ」と呼ぼう)。通常、接見は日本語でしかおこなえないはずだが、太田署内ではチーが同時通訳をする限りは、ベトナム語での会話を黙認してもらえた。

ブイはタイビン省出身の二一歳で、二年前に来日して静岡県内の建設現場で働いていたが、逃亡した技能実習生だ。彼もまた、自身の逮捕容疑である偽造カード所持については認めたが、私たちが彼自身やトゥンなどの仲間たちの家畜窃盗疑惑について尋ねると、やはり首を振ってみせた。もっとも、これ自体はすでに予測できた話だ。私とチーの関心は、家畜窃盗事件におそらく関与していない彼らがなぜ延々と勾留され、特にトゥンについては接見すら許されないほど厳しい取り調べがおこなわれているかだった。

「日本には国選弁護人という制度があります。お金がない人でも弁護士を付けられる制度です」

「そんなの、知らない」

「警察から説明はなかったんですか？」

「説明されてない。警察からは『弁護士を雇えば金がかかるぞ』『お前たちじゃ払えないだろう』とは、言われた」

実は、同様の証言は、すでに釈放された〝兄貴ハウス〟の住人数人からも耳にしていた。捜査関係者や裁判関係者が意図的に国選弁護人制度を伝えなかったのか、それとも通訳者に問題があったのかは不明だが、本来ならば資力が足りない被疑者の権利として認められている国選弁護人の利用について、ブイのほか数人の逮捕者たちはほとんど聞かされていないようだった。

主犯のトゥンは、別件逮捕にもよって長期勾留され、群馬県警により外部からの接見も禁じられていた。仮に彼に対しても、国選弁護人制度について十分に説明がなされていなかったとすれば、事態はかなり深刻である。外国人不法滞在者の社会的立場の弱さゆえに、〝群馬の兄貴〟はブタ泥棒の濡《ぬ》れ衣《ぎぬ》を着せられ、ずいぶん不当な貧乏くじを引かされたわけなのだ。

偏見にもとづいた捜査をおこなった警察と、その見解を垂れ流すメディア。いっぽうで無法地帯化したボドイたちの生活空間。「〝低度〟外国人材」で溢《あふ》れかえった社会のひずみは、群馬県ではすでに顕在化しつつある。

おわりに

バイアス

悩ましい。とにかく悩むことの多い取材だった。

「はじめに」でも書いたように、わが国における在日外国人の話題は、とにかく勇ましい言葉を使った排外主義的な言説と、鼻白むような「外国人はかわいそう」という同情論のどちらかにはまり込みがちだ。そこで私はこの本で、自分が可能な限り偏りを持たない立場から見聞きしたものを書くように努めたつもりだった。

だが、いざ原稿を読み直すと、対象が中国人（もしくは第三、四章で登場したホアのような中国語を話す外国人）かそれ以外の外国人かで、私の姿勢には微妙な違いがある。南アジア系のムスリムやベトナム人に対する私の心理的な距離感は、中国人に対するときと比べると、やはりわずかに遠くなっているように思える。

理由は明らかだろう。私が本来、中華圏をメインの分野とするルポライターだからだ。私はいちおう中国語がわかり、華人の社会を文化的に親《ちか》しく感じている。これは「親中感情」というよりも、日常的に顔を突き合わせている「準・同胞」に対して覚える一種の安心感だと表現したほうが適確だ。

ゆえに私にとって、在日外国人にまつわる問題は近年まで深刻なテーマとは言えなかった。なぜなら二〇一〇年代の前半まで、在日外国人の話題は、在日中国人についての話題とかなりの部分で重複していたからだ。

凄惨《せいさん》な犯罪のニュースには眉《まゆ》をひそめるが、私はそれが在日中国人のごく一部の「悪いやつ」の行動にすぎないことを知っている。また、書類の偽造や売春、不法滞在・不法就労などにかかわる人たちは、厳密には「犯罪者」とはいえ、日中間の経済格差と本人の生存のためにやむを得ず触法行為をおこなっている場合が多く、お金が貯まれば悪いことをしなくなる。――、云々《うんぬん》。

つまり、そのリスクの規模と実態についておおむね見当がつくので大した懸念を抱かなかったのだ。池袋の旧北口付近や埼玉県の西川口などがニュー・チャイナタウン化したことも、むしろ本場の中華料理が食べられてありがたいという感覚しかなかった。

在日中国人に寛容な姿勢を取るなら、他の在日外国人にも同じような姿勢でいるべきだ。たとえば、街の一角がブラジルタウンになったりインドネシアタウンになったりしても、むしろ面白そうだから別にいいやと考えていた。

日本は慢性的な少子高齢化に苦しんでおり、事実上の移民の受け入れを続けていく未来しかない。それならば、多様性を楽しむ姿勢で暮らしていくほうがハッピーであるはずだ。


「子どもが日本語を喋るようになればいい」


ただ、今回の取材のなかでは従来の考えにブレが生まれた。

最初の大きなきっかけとなったのは、二〇一八年一月に広島で偽装留学生のベトナム人夫婦に会ったときの経験だ。

第二章でも書いたが、喫茶店に入ってきた彼らに「あなたはいま、いくつですか?」と日本語でゆっくり尋ねてみると、彼らはそれを聞き取れなかった。偽装とはいえ一応は日本語学校に籍を置いている学生が、英語でいう「How old are you?」に相当する会話表現さえまったく理解していないことに衝撃を受けた。

そこで私は通訳を介して、なぜ日本に来たのかを夫に尋ねると「清潔で先進的な日本から学びたかったから」と紋切り型の意見を口にした。だが、さらに突っ込んで聞くとこう言った。

「カネ」

日本経済は長期間の低空飛行を続けているが、それでもまだ一人あたりＧＤＰがベトナムの一五倍以上もあるのだ。そして夫婦は口々に言う。

「日本が気に入った。この国に住んで、子どももこちらで産みたい」

「将来の目標は日本にずっと住むこと。仕事はつまらないけれど、仕方ない」

実際にどんなビザで日本滞在をおこなうのかはさておき、これが彼らの目標だった。

彼らは日本語をまともに身につける気がない。もちろん「清潔で先進的な日本」から高度な知識を学ぶ気も、日本の社会に積極的に馴染《なじ》む気も持っていない。

「でも、言葉ができないのに永住して子どもを産んだら、大変じゃありませんか？」

「子どもが日本語を喋《しゃべ》るようになればいい。ロシアに働きに行った親戚《しんせき》がいるが、あそこの子どもはベトナム語がヘタでロシア語のほうが上手だった」

本人たちに自覚はないが、親と充分なコミュニケーションが取れない子どもを産む宣言をしているに等しい。

――この夫婦みたいな人たちが、これから日本で増えると嫌だな。

インタビューをしながらそう感じて、自分自身でも意外な気がした。

私は本来、移民の受け入れにはかなり寛容だったはずなのだ。ベトナムにも、この取材前から三～四回は行ったことがある。大学院時代にはベトナム史研究者の講義を受講し、阮《グエン》朝時代のナムディン省の農村の、㝹喃《チュノム》まじりの漢文の土地文書《もんじょ》の読解をおこなっていた。仕事柄、海外出張が多いので、平均的な日本人と比べてもかなり異文化に慣れているはずである。

だが、それなのに私は不快感を覚えてしまった。このモヤモヤとした感情はやがて、他者の支援に頼りきりの怠惰な姿勢のまま子連れでの日本定住を望んでいる元技能実習生のハー（第三章、第四章参照）の姿や、群馬県玉村町で起きた新型コロナウイルス感染者のボドイの交通事故を取材するなかで、いっそう増幅されることになった。

現実的ではない解決方法

現在はコロナ禍で一段落しているが、外国人住民や外国人労働者の増加は今後も続く。やがて他の日本人も、私と似たような不快感を覚える機会が増えていくだろう。都心のように人口流動が激しく、住民の土地への愛着が弱い地域だけではなく、地方の歴史ある古い街にもこの波は及んでいく。

ただ、実は私はこうした不快感を解決する方法も知っている。

自分がベトナム語を少しでも身につけて、ベトナム人の社会と本気で向き合うべく腹を括《くく》れば、不快感はぐっと減るのだ。

事実、通訳のチーが大活躍してくれた二〇二〇年末の家畜窃盗事件の取材（第七章）では、自分の認識がいつの間にか大きくベトナムナイズ（というよりもボドイナイズ）され、彼らの価値観に染まりはじめていることに気づいた。ボドイの実例ばかり見すぎたせいで、「不法滞在者ではなく正規のビザを持っている」「技能実習先から逃げていない」「一言でも日本語を話そうとした」くらいのことでも「すごい」「偉い」と感じてしまうようになったのである。こうなれば、もはや不快感などは抱かない。

もっとも、日本人がみんな中国通やベトナム通（さらにネパール通やフィリピン通やバングラデシュ通）になれば済むという解決策は、まったく現実的ではない。「中国通」であるはずの私でさえ、新たに「ベトナム通」の入り口に立つまでに、二〇一七年末の取材の開始から実に三年もかかったのだ。つまり、簡単な解決策などはない。

こうして私たちが目の前の問題に適応しようと四苦八苦している間にも、日本の移民社会化は容赦なく進んでいく。

他方、技能実習制度のような外国人労働者がらみの制度は、今後もどこか不公平で不誠実なムードをはらみながら、特に大きな改革などはされず残り続けていく。

ただし、中国人は自国が豊かになるとまっさきにこのシステムから降り、さらにベトナム人も、目ざとい人間はシステムのなかで同胞を喰《く》う側に回っている。やがてベトナムがある程度まで豊かになれば、ベトナム人の労働者たちも、かつての中国人労働者と同じく日本から数を減らしていくかもしれない。往年の在日中国人犯罪問題と同じく、近年話題になりつつある在日ベトナム人犯罪も、やがては減る。

もっとも、日本の外国人労働制度は今後もおそらく変わらない。中国の次はベトナム、ベトナムの次はカンボジア、その次は――。と、移民の焼き畑農業を繰り返しながら、より貧しくて情報感度が低い「〝低度〟外国人材」が多い発展途上国を探して労働者を連れてくる。

彼らのうちで優秀な層は、やがて自分が豊かになるか、日本がもっと貧しくなるかすれば日本を見限る。いっぽうで日本に残る人々は、疲弊した地方都市に集まり住み、地域の住民との交流も充分におこなわないまま、外部の者には容易に入り込めない街を作っていく。新型コロナウイルスのパンデミックでいったん流れが止まってはいるものの、現在の日本はまさに、そうした流れが進行する渦中にある。

日本の知られざる外国人世界を追う今回の取材は、そんな事実を再確認させるものだった。

*

本書の執筆にあたってはさまざまな方のお世話になった。まず、通訳兼アテンド役として大車輪の活躍をしてくれた難民二世のチー、技能実習生問題の第一人者である神戸大学大学院准教授の斉藤善久氏、第三章~第四章で通訳をおこなってくれたホア、第五章と第六章の取材に同行してくれたカメラマンの郡山総一郎氏に感謝を申し上げたい。また、本文中では名前を紹介できなかったが、広島県内のベトナム人取材にあたっては、私の大学院時代の同級生でベトナム史を研究していた友保浩法《ともやすひろのり》氏と、彼のベトナム人の奥様に大変お世話になった。あらためてお礼を申し上げる。

また、この本は『Ｎｅｗｓｗｅｅｋ日本版』『東洋経済』『週刊プレイボーイ』『潮』『文藝春秋』『現代ビジネス』『文春オンライン』など各誌に寄稿した記事執筆のための取材がもとになっている。各媒体と編集者各位にあらためて心よりお礼申し上げたい。

最後に、はやくも二〇一七年ごろから構想だけは存在したこの本が、ようやく形になったのはＫＡＤＯＫＡＷＡの担当編集者・岸山征寛《きしやまゆきひろ》氏の絶え間ない叱咤《しった》激励のお陰だった。感謝を申し上げる。

中国湖北《こほく》省に端を発した恐るべき瘟疫《おんえき》の世界的流行がやまぬなか、海外取材の手立てを失ったルポライターにとって、過去のベトナムや中国への渡航を懐かしみながらの執筆はひときわ印象深いものになった。一刻もはやい、パンデミックの終息を望みたい。

二〇二一年一月二五日　千駄木《せんだぎ》にて

安田　峰俊

新　章

ポストコロナ時代のボドイたち

扉写真

TikTokで『タニシ+日本』とベトナム語で検索すると表示された、日本の田んぼでタニシを大量に採集する技能実習生たちの姿。楽しそうだ

はじめに

私はもともと、中華圏が専門のライターである。

ただ、現在は在日ベトナム人問題と中華圏の話題の二本立て、と自己紹介をすることが増えた。その大きなターニングポイントになったのが、本書のもととなった『「低度」外国人材 移民焼き畑国家、日本』の刊行（二〇二一年三月）と、それに先立って各媒体で執筆していた、コロナ禍のなかでの在日外国人社会のルポだ。

もっとも、本書がカバーしている時期は私のボドイ取材の最初期にあたる。いま読み返してみると、この時点での在日ベトナム人の記述は、未曾有《みぞう》のコロナ禍のなかで日本社会の地下に広がりはじめた見知らぬ人たちのネットワークに対する私の戸惑いを反映した描写が目立つ。

だが、当時の迷いはもはや過去だ。私とチーはその後、日本国内の各地で事件を起こしたボドイや技能実習生を追い続けることになった。

本書の続編にあたる『北関東「移民」アンダーグラウンド　ベトナム人不法滞在者たちの

学生の青年や、覚醒剤《かくせいざい》を打ちながらウーバーイーツの配達をおこなう元留学生の青年や、常磐線《じょうばんせん》の軌道に無免許運転で突撃して自動車と電車を衝突させたボドイの仲間たちなど、いっそうヘビーな人たちに大勢出会っている。ブタ窃盗の疑いをかけられた「群馬の兄貴」にも直接話を聞いているし、彼の〝冤罪《えんざい》〟と本当の罪状についても解明することができた。本書の第七章で想像していたよりも、本物の兄貴は食えない人物であった。

当初はおそるおそるだったボドイ・ハウスや技能実習生寮への突撃も、似たようなことを何十回もおこなううちに慣れてしまった。群馬県伊勢崎市内では、ボドイ・ハウスどころか、四〜五階建ての一棟の住民がほぼボドイかそれに近いベトナム人という、凄《すさ》まじいアパートも発見している（二〇二二年夏、山梨県内を中心に多発した桃の大量窃盗事件の容疑者が入居していたアパートである）。

多数の事例を見すぎて、感覚が麻痺《まひ》した部分もある。

私はいまや、ベトナム人の不法滞在者や不法就労者について、会ってもちっとも驚かず、地方の社会にごく当然のようにいる存在としか感じなくなった。むしろ、入管難民法と無免許運転以外の違法行為は何もしていないボドイや、グレーな仕事をしているのに真面目に日本語能力試験の勉強をしている留学生などを見かけると、「がんばっていて偉いねえ」という感想が本気で口をついてしまうくらいには、彼らに慣れてしまっている。

本書の「おわりに」に登場した日本語が話せない偽装留学生夫婦も、いまの自分なら問題意識を持たない気がする。あの夫婦と会ってからすでに七年が経ち、日本経済の地盤沈下と円安が大きく進んだ。多文化共生やダイバーシティ化といった理想を語る以前に、貧しくなったこの国の社会は、外国人労働者がいなければすでに機能しない。たとえ日本社会に溶け込む気を持っていなくても、合法的な在留資格を持ってまともに働いてくれているだけで、充分にありがたいようにも思えてしまうのだ。

もっとも、そんな極端な思いを抱くのも、仰天するような実例をいくつも見てきたからだ。近年になり私が取材した三つの話題について、当時の記事を一部修正の上で引用しながら見ていこう。

話の舞台は、一本目と二本目が二〇二四年後半、三本目が二〇二二年末だ。

ポストコロナ時代の「低度」外国人材の姿はこのようになっている。

第一節　害獣と外来種を狩るベトナム人

ジャンボタニシを採集する人々

「ベトナム人技能実習生の十数人の男女が、よくバケツを持って、この溜《た》め池に入ってジャンボタニシを採っているんです」

二〇二四年六月上旬、九州北西部の玄界灘《げんかいなだ》沿いの水田でそう話したのは、生物調査コーディネーターの「なでしこぺんた」（以下、ぺんた）だ。

彼が案内してくれた農業用水の溜め池には、見慣れないショッキングピンクの卵が点々と残されていた。ジャンボタニシが繁殖した痕跡《こんせき》である。

ジャンボタニシは、別名をスクミリンゴガイという南米原産の淡水生巻き貝だ。殻高は五〇～八〇ミリと巨大で、タニシとの類縁関係は遠いが、外見はよく似ている。毒々しい色の卵には毒性もある。

彼らは一九八一年に台湾から食用目的で移入されたものの、日本人の食習慣と合わなかったことで養殖業が衰退。逃げ出した個体が西日本を中心に分布を広げている。田植え直後のイネの苗を食い荒らして甚大な損害を与えているため、農水省や各自治体からしばしばその害がアナウンスされる。

彼らの弱点は寒さに弱いことだが、近年は温暖化の影響で、西日本を中心に越冬が可能になり、繁殖に成功している（成体だけならば二〇二二年時点で、全国三五府県で確認されている）。本来の分布地域とは異なる環境で個体数を異常に増加させ、生態系を乱すという、代表的な侵略的外来種だ。

ところが近年、そんなジャンボタニシに「天敵」が出現した。

それは、今世紀に入り日本の農村部で多く働くようになった外国人労働者たちだ。もともと中国南部や東南アジアには、タンパク源としてタニシを食べる習慣が現在でも残る。加えてジャンボタニシは、食用目的で日本に持ち込まれていることからもわかるように、人間が食べることのできる生き物なのだ。

「ああいう貝は、インドネシア語で『ケヨン・サワ』といいます。唐辛子と煮て食べるとおいしいですよ。でも、ベトナム人のほうが多く食べていますね」

溜め池でライギョを捕獲中だった、地元のインドネシア人労働者のスウィト氏はそう話す。彼は取材時点で三二歳の男性で、もともと技能実習生として来日後、見込まれて正社員になったという（余談ながら、中国やベトナムとは中間に介在する業者が異なるためか、インドネシア人実習生には比較的良好な待遇を受けたりキャリア構築ができたりしている人も多い）。

ただ、こちらの溜め池での取材時にはベトナム人の姿は直接確認できなかった。

私たちがぺんた氏と共に池を調査したところ、確認できたジャンボタニシは小型の個体ばかり。手のひらの半分を覆うような巨大な殻を持つ個体は、死んだ貝殻が数個見つかった程度だった。

「ジャンボタニシが大きくなるには一定の時間がかかります。この池の場合、巨大な個体は近所のベトナム人が採り尽くしてしまったんでしょう。イネの食害を防げるので、地元の農家の方には助かる話ではあります」（ぺんた）

事実、ベトナム人にも人気があるＴｉｋＴｏｋで「Ốc bươu + Nhật Bản」（タニシ＋日本）などの単語で検索すると、明らかに日本国内の田んぼや用水路とみられる場所で、ベトナム人たちが大量のタニシを捕獲している動画がいくつもみつかる。貝の形や大きさを見る限り、ジャンボタニシを採集している事例もある。

実はこうした〝乱獲〟には、自家消費以外の目的もある。フェイスブック上に多数存在するボドイ・コミュニティを通じて、日本在住の同胞向けに食材として販売しているからだ。

たとえば、こんな広告が見つかる。

・タニシ……七〇〇円
・イノシシ肉……一一〇〇円
・イヌ……一一〇〇円（欠品中）

実際に投稿者に連絡してみたところ、応じたのは関東在住の「メイ」（仮名）と名乗る三〇代のベトナム女性だった。上記の価格は一キロ当たりで、注文は二キロから受け付けるという。

そこで、物は試しとチーに買ってもらうことにした。すると、「石川県日市七郎町」（白山《はくさん》市《し》の誤記か）のアパートの一室から、ビニール袋に入った大量のタニシが生きたままで送られてきた。送り状の送り主や宛名は、明らかに漢字に慣れていない外国人によるとみられる筆跡だ。

この食材販売の仕組みは、どうやらこうなっている。全国各地のベトナム人が捕獲した食用生物の情報を、仲介業者であるメイがフェイスブックに投稿。顧客が彼女にお金を振り込むと、食材が産地から買い手に直接送られる。

広告のポストには、ウサギやスッポンなどほかの生物もしばしば登場していた。各地で捕獲され次第、メイが情報を流すようだ。

私たちが購入したタニシの産地は北陸地方だったため、送られてきたのは日本の在来種だった。とはいえ、捕獲地が関西以西の場合、もちろんジャンボタニシが届く場合もあるだろう。

なお、購入したタニシはチーの実家の夕食となった。

ボドイが売る「シカ肉」の正体は?

在日ベトナム人たちの獲物には哺乳類《ほにゅうるい》も含まれる。

なかでも盛んなのはイノシシ狩りだ。近年、日本ではイノシシの獣害がしばしば報じられており、二〇二三年度の一年間で六五人が襲われている。かなり獰猛《どうもう》な生き物のはずだが。

「数年前、岐阜県御嵩町《みたけちょう》の竹やぶに狩りに行きました。季節は五月。イノシシはタケノコが好きだからです。山中に罠《わな》を設置して、かかっていないか朝に確かめる。現場に三日くらい通い詰めましたよ」

そう証言するのは、取材時点で三四歳のベトナム人男性のビン(仮名)である。愛知県内在住だ。

彼が猟をおこなったのは、技能実習生として来日した直後。鉄工所に勤務するベトナム人の先輩から「罠を自作した」と誘われたという。彼らが設置したのはイノシシの足をワイヤーで捕らえる「くくり罠」で、他の実習生らと七人で山に向かった。

なお、日本において罠を使用する狩猟には免許が必要で、設置場所には白い標識をかけておく必要がある。そもそも日本の狩猟には、厳しい禁猟期間も定められているのだが――。もちろん、彼らはそんなことを知るよしもなかった。

「このときは捕まえられませんでしたが、別の機会に友人から『イノシシ一頭を捕まえた』と言われ、家に食べに行ったことがあります。捕っているベトナム人は大勢いると思いますよ」

事実、例によってＴｉｋＴｏｋで「Lợn rừng + Nhật Bản」（イノシシ＋日本）で検索すると、山中でイノシシを罠に引っ掛けた動画が多数見つかる。映り込んでいる植物の植生からしても、おそらく日本の山地だろう。なぜ、ベトナム人たちはタニシ採集やイノシシ捕獲の様子を動画に撮ってＴｉｋＴｏｋにアップするのか、その動機は謎だが、日本でも釣り好きの人が釣り上げた瞬間のショート動画を公開する例がある。彼らとしては、テンションが上がる一瞬を他人と共有したいのかもしれない。

一方、近年の日本において、イノシシと同じく獣害が報じられるのがシカの仲間である。特に深刻な被害が伝わるのが、中国南部や台湾が原産のシカの一種「キョン」が繁殖している千葉県だ。キョンは一九八〇年代以前に勝浦市《かつうら》の飼育施設から逃げ出し野生化し、房総《ぼうそう》半島中南部に定着したとされ、二〇〇五年には環境大臣により特定外来生物に指定された。

キョンは生後半年で妊娠が可能になるなど繁殖力が高く、二三年には一〇年前の三倍近い約七万一五〇〇頭にまで増加している。彼らは農産物や家庭の花壇を片っ端から食い荒らすほか、「ギャー」と大声で鳴いて騒音を出すことで、地域に深刻な被害を与えている。だが、いっぽうで——。

「シカ肉入荷しました！　一キログラム一二〇〇円。五キロからの販売です」

ある日、フェイスブックのボドイ・コミュニティを見ると、皮を剝《は》いだ四体のシカ科らしき哺乳類の写真と共に、メイがこんな文面をポストしていた。

さっそく注文したところ、数日後にチーの自宅に、ボロボロの段ボール箱が宅配便で届いた。配送方式はいちおうクール便だったものの、よくわからない汁が箱の表面まで染み出している。

開けてみたところ、生肉らしきものがスーパーのビニール袋に無造作に詰められていた。前回のタニシは活《い》きがよかったので一家の食卓にのぼったが、今回の謎の肉は「ちょっと怖すぎて」廃棄したそうである。

いっぽう、こちらの送り状の筆跡もたどたどしかった。発送元は千葉県市原市《いちはら》と袖ケ浦市《そでがうら》の境界にあたる盆地の農村で、ベトナム人男性の名義である。現地はキョンの分布地域だ。そこで送り状の住所の場所に行ってみたところ、農家の裏にある古い一戸建て家屋に、五〜六人のベトナム人男性が住んでおり、大音量でスローテンポのベトナムポップスを流していた。納屋の前にはボロボロのセダンが停まっている。ボドイ・カーによく見られる雰囲気だった。

住民たちにチーがベトナム語で話しかける。なお、本書『「低度」外国人材』ではじめてボドイの住居に向かったときは私もチーもおそるおそるだったが、いまや突撃にまったく躊躇《ちゅうちょ》がない。

「肉の発送元？　俺は二日前にここに来たばかり。ほかの連中も、数週間働けば違う所に移る。何も知らないよ」

ベトナム人たちの住居を訪ねると、たとえ不法滞在者であっても初対面の私たちを家に上げてくれることが多いのだが、彼らは珍しく態度がよそよそしかった。農業に従事する技能実習生だというが、仮にそうであれば、短期間で実習先（職場）がポンポンと変わるのは不自然である。

男たちの何人かは体にタトゥーがあった。これだけなら「ありがち」だが、一般のベトナム人と比べて人相も崩れている印象だった。普通の真面目な技能実習生ならわかるはずの、簡単なレベルの日本語も話せない。

「さっさと帰ってくれよ！　俺たちは何も知らない」

そう話す彼らの背後、屋内からはかすかに獣臭が漂い、玄関先には見覚えのあるボロボロの段ボール箱が六箱置かれていた。

チーが雑談して彼らの注意を引き付けている間に、箱の送り状を確認する。いずれもここの住所が書かれ、差出人も私たちが受け取った送り状と同一の男性名だった。外国人特有の筆跡も変わらない。箱の送り先は北海道から山口県まで全国各地にわたっており、いずれもベトナム人の名前の人物に宛てたものだった。

「箱の中身は服だよ！　日本人のシャチョウに発送を頼まれたんだ！」

男たちは苦しい説明を続けたが、ここが肉の発送拠点なのはほぼ確実だろう。

訪問後に遠くから見張っていたところ、彼らが自動車で外出する様子も確認できた。通常、技能実習生は自家用車を持っていない。やはりボドイだと考えるのが妥当だろう。ちなみに関東地方の農村では、農閑期も身元の面倒を見なくてはならない技能実習生よりも、雇用の流動性があるボドイを進んで雇う農家がすくなからず存在している。

古い一戸建て家屋と広い庭、騒音が問題にならない立地と、なかば放任状態の雇用環境。さらに移動手段もある——。これらの条件を考えれば、彼らは肉の発送のみならず、狩猟や解体まで手がけている可能性が充分にありそうだ。

　事実、近隣の日本人住民からは「ベトナム人が野生動物を狩るのを見た」「地元の日本人よりもよほど上手に狩る」といった証言も得られた。

　ちなみにキョンは中型犬程度の大きさであり、ニホンジカやイノシシと比べても狩猟や運搬・解体が容易だ。しかも、房総半島ではニホンジカの倍近くも個体数を増やしている。

　フェイスブックのボドイ・コミュニティで流通する「シカ肉」には、おそらく房総半島が拠点のベトナム人集団が密猟したキョンの肉がけっこうな割合で含まれている。

ベトナム人のクマハンターが語る

　さらに〝ガチ〟な世界もある。

「クマとの戦いは命がけだ。シカとは訳が違う。だが、クマの肝は高く売れるぞ。新鮮なものは、一五キロで五万〜七万円くらいになる」

　電話口でそう豪語したのは、ベトナム人ハンターであるドゥン（仮名）だ。例によってメイが販売を手掛けており、送り状から電話番号を特定して直接電話を掛けてみたのである。

　ベトナム南部訛《なま》りの言葉を話す中年男性だった。

　詳細は明かせないものの、彼のフィールドは秋田・岩手以北の某山脈だ。房総半島の密猟集団（おそらく）とは違い、元技能実習生だったドゥンは日本人から狩猟を習ったことで、正規の狩猟免許を持つ。中古で購入した三〇万円のライフルを相棒に、北国の山野を駆けているのだ。

彼の獲物はシカやウサギなど多岐に及ぶ。ただ、最も難度が高いターゲットは、もちろんクマだ。

日本には北海道に生息するヒグマと本州以南に分布するツキノワグマがいる。いずれも近年は人間との接触が増え、二〇二三年度に過去最悪の二一九人が襲われるなど獣害が深刻化している。二四年一一月には、秋田市内のスーパーにクマが入り込んで従業員の男性にケガを負わせた。日本に分布する他の野生動物とは危険度が桁違《けたちが》いに高い動物であり、クマを狩ったハンターに、少額ながら報奨金を出す自治体もある。

いっぽう、危ない動物だけに〝換金性〟も高い。

「クマの肝は、ケガを治りやすくしたり、疲労回復に効果があったりする（という民間療法に使われる）。ベトナム人はもちろん、中国人やミャンマー人にも人気だ。彼らは高値をつけてくれるよ。肉や爪も売れるんだ」

ドゥン氏が捕まえたクマの肝や肉、手のひらなどは、食用や薬用（ベトナムの伝統医学）として、ボドイ・コミュニティで流通している。

私たちがフェイスブック経由で購入したクマの爪（九〇〇〇円）はドゥンが狩猟し、仲介者に四〇〇〇～五〇〇〇円で卸したものだ。なお、クマの爪は食用や薬用ではなく観賞用である。クマの肝は高価で、ベトナム人の同胞同士の売買でも一〇万円近くするそうだ。

（『週刊プレイボーイ』二〇二四年No.38「在日ベトナム人たちが日本の有害生物を狩りまくっていた！」より改稿）

＊　＊　＊

近年の日本において、鳥獣による農作物被害額は年間一五〇億～一六〇億円規模にのぼる。南方起源の侵略的外来種については、温暖化によって日本でも繁殖が容易になったことで、生態系への脅威が増している。

だが、海外原産のジャンボタニシやキョン、さらに深刻な人的被害が伝えられるイノシシやクマ……と、私たちを震撼《しんかん》させている有害生物の多くは、実はベトナム人にとって「おいしい食材」でもある。

コロナ禍の困窮のなかで、ブタを盗んだり近所の池でフナを釣ったりして自給自足をおこなっていた段階から一歩進み、現在は彼らの地下ネットワークの内部でさまざまな動物が狩られ、加工されて売られるようになっている。

二〇二四年六月時点で、在日ベトナム人の人数は約六〇万人に達し、私が「群馬の兄貴」取材をおこなっていた二〇二〇年末と比べても約一五・二万人も増えた。彼らの三分の一は、地方出身者や農村出身者が多い技能実習生であり、さらに元実習生が多い在留資格である「特定技能」が約一二・七万人、「特定活動」が約一・三万人いる。これだけの人数規模ならば、彼らの内部で独自に構築された食材調達システムが機能するのだ。

もっとも、この現象は「面白い」ものの、肯定的に受け取るわけにもいかない。彼らの密猟行為や食肉の加工販売は複数の法令違反が前提だ。無断で山中に設置した密猟用の罠で人的被害が出る懸念や、食品衛生上の問題も大きい。野生動物由来の感染症が広がる危険もある。

なかなか頭の痛い問題だといえるだろう。

いっぽう、在日ベトナム人社会の変化は食材の製造流通ルートだけではない。

残念ながら「窃盗」行為についても、近年は新しい動きが起きている。

第二節　荒らされる（旧）ビッグモーター

「自動車窃盗は彼らの今年の流行です」

二〇二四年一〇月八日、埼玉県警など七県警の合同捜査本部が、別件で身柄を拘束していたベトナム国籍の男たち五人を建造物侵入および窃盗の疑いで再逮捕した。

容疑は同年四月一〇日の深夜から翌朝にかけて、中古車販売大手・WECARS（旧名ビッグモーター。以下「ビッグモーター」）新潟南店に侵入し、乗用車七台や現金を盗んだことである。

埼玉県警によれば、被害総額は約九六五万円。まず七月三日にヴー・ティエン・マイン容疑者（三〇歳）が盗品運搬容疑で逮捕され、その後二四〜二五歳の仲間四人が芋づる式に捕まった。容疑者五人は全員が住所不定、うち四人の逮捕容疑は入管難民法違反であり、つまり不法滞在者（ボドイ）だ。犯行の際には、他にも氏名不詳のベトナム人が加わっていたとみられている。

今回、関東・中部一帯で合同捜査態勢が敷かれていたのには理由がある。新潟の事件より前の同年一月〜四月上旬、群馬・埼玉・山梨・長野のビッグモーター六店舗で同様の車両窃盗が頻発し、合計二九台が盗まれていたからだ。

被害車両の一部は発見されたが、約三分の二は行方不明のまま。転売されるなどして闇ルートに流れた可能性が高い。

「コロナ禍の時期の窃盗は、生活に困窮して食べ物を盗む感じだったんですよ。本来は犯罪志向がない人たちがやっていたので、手口もかなりずさんでした。それが、近年はカネになるものを狙いはじめた。コロナ後は、まともなボドイは他にも働き口があるので悪いことをしなくなり、いっぽうで『犯罪をやる』という明確な目的意識がある犯罪者が増えた。なので、手口も巧妙化・組織化しています」

チーはそう話す。事実、以前のブタ窃盗では、短パン姿でヨタヨタとブタを運ぶ若い男性たちの姿が監視カメラに記録されていたように、明らかに素人くさかった。盗むものもブタや桃であり、もちろん被害者にとっては深刻な事態には違いないが、どこか牧歌的で笑える雰囲気があった。

だが、近年はこうした一種のかわいげが感じられないケースが増えている。

「最近、ベトナム人犯罪グループによる衣料品店やドラッグストアでの大量万引きが多発していますが、盗品を転売する元締めが、ネットで集めた人たちに指示して窃盗をおこなわせているんです。日本人の若者がやっている闇バイトとよく似ていて、現場の実行者同士はぜんぜん面識がない」

新潟のビッグモーター荒らしの容疑者らも、もともと面識はなく、ネット上で知り合ったグループだったと明らかになっている。ちなみにこの取材後の話だが、容疑者らのうち四人は同年一一月、山梨県甲府《こうふ》市と甲斐《かい》市のビッグモーターの支店を荒らした容疑でも再逮捕された。チーは言う。

「ベトナム人の犯罪って、流行《はや》り廃りがあるんですよ。儲《もう》かるなと思ったらみんながワーッて真似をする。自動車窃盗は彼らの今年の流行です。通訳の仕事で拘置所や刑務所によく行くんですが、クルマ泥棒のベトナム人だらけですよ」

顔の見えない犯罪に、余罪の解明は困難を極めている。最初の逮捕から約四ヶ月が経って、ようやく山梨のビッグモーター荒らしの証拠が固まったが、他に埼玉県や長野県の支店で起きた車両窃盗の真相は不明のままだ。そもそも同一犯の犯行なのかもよくわからない。

いっぽう、「今年の流行」だけに、実は被害に遭っているのはビッグモーターだけではない。都内のある自動車販売店のスタッフからは、こんな証言も出ている。

「関東のあちこちでトヨタやホンダの正規販売店から新車が盗まれたり、成田空港付近の屋外駐車場から盗まれたりと、被害が続出しています。関西地方でも起きているそうです」

顧客や同業者間の評判を気にして、被害を積極的に公表しない業者も多い。すべてがベトナム人の犯行とは断定できないが、報道に出ていない事件も相当な数にのぼる模様だ。

実際の被害店舗の声を聞いてみよう。

二〇二四年八月一九日、店舗の販売車両一一台と現金約二〇〇万円を盗まれた栃木県の「ホンダカーズ野崎店」店長の松本正美は話す。

「朝、店の駐車場に自動車のカギが散乱していました。犯人たちは事務所の窓ガラスを割って侵入したらしく、耐火金庫を強引に破壊して現金も盗んでいて……」

店舗は都市部から離れた国道沿いにあり、隣家との距離も離れている。ゆえに従業員が不在の夜間に、事務所への侵入を許してしまった。日本の車両販売店は屋外に自動車を展示しており、加えて従来の日本では「売り物のクルマを盗まれる」という事態がそもそも珍しかったことから、カギの管理がおおらかな店舗もすくなからずある。

すなわち、事務所の壁に設置したネジ式フックに商品の自動車のカギがそのままぶら下がっているようなケースだ。個人経営の店舗では、なおさら珍しくない。

ホンダカーズ野崎店の場合、犯人らは事務所内で入手したスペアキーを用いて片っ端から車両のロックを解除、みずから運転して車両を盗んだという。キーの通電用の予備電池を持ち込むなど、一定の下準備の上での犯行だったことが判明している。実際に監視カメラの映像を確認すると、複数人で分担して車両を運転することで手際よく盗み出しており、従来のボドイ犯罪では見られなかった「計画性」や「効率性」が感じられた。

犯人らはまだ捕まっていないが、幸いにも被害車両はすべて発見された。松本がＳＮＳで被害を訴えたところ、馴染《なじ》み客らが捜索して八台を発見、さらに警察の捜査で残りが見つかったという。

車両の多くは、店舗から数十キロ圏内の駐車場や、東北道のパーキングエリアなどで発見された。これは他の類似事件とも共通する特徴で、いったん数日間クルマを寝かせ、ＧＰＳなどの追跡がないことを確認してから再度移動。第三者に転売する方式らしい。

「走り心地がいい。あと三〇分で到着する」

「この前の（盗んだ）クルマは三一万円で売れた。その前のは二〇万円だ」

実際にドライブレコーダーの映像を確認すると、ベトナム中部の訛りのあるベトナム語の会話が確認できた。初犯ではなさそうだが、松本は犯人像をこう話す。

「マニュアル車のクラッチ操作に慣れずエンストさせるなど、素人っぽさは抜けません。完全なプロの窃盗団なら、クルマをいきなりヤードで解体し、海外に売り払う。今回の場合、そのまま個人間で売買しようとした形跡があります」

盗まれた車両の価格帯も、数百万円のものから数十万円程度までさまざまで、高級車だけを狙い撃ちした様子はみられなかったという。

在日外国人アンダーグラウンド世界にもヒエラルキーがある

いっぽう、回収された被害車両のドライブレコーダーのデータには、運転する犯人がとあるアパートの駐車場に立ち寄り、仲間か顧客らしき人物と話す映像が残されていた。

画面に映りこんでいた病院やアパートの看板を手がかりに調べていくと、彼らが立ち寄った駐車場の場所は群馬県太田市内、東武線の太田駅から東に三キロほど進んだ住宅街であることがわかった。

スバルの企業城下町で、人口の約七パーセントが外国人で占められている太田という地名は、すでに本書『「低度」外国人材』をお読みの方ならご存じのはずだ。同市や隣接する伊勢崎市・大泉町では働き口に困らないことから、ベトナム人をはじめとした不法滞在者も多い。過去の「群馬の兄貴」事件や二〇二一年夏の桃窃盗事件でも、警察側から犯人と目された（群馬の兄貴の場合は冤罪だったが）ボドイたちのアジトは、揃ってこの一帯にあった。

現地では無免許のまま、闇ルートで買った自動車を乗り回す外国人も多い。これは私も過去の取材のなかで多数確認してきたことだ。

そこで、件《くだん》のアパートを訪ね、犯行グループへの直撃を試みた。

日を分けて現地を二回訪れ、アパート内や付近にいた住民複数に尋ねて確認したところ、八部屋のうち日本人が住んでいるのは一部屋だけだ。残りはカンボジア人と、ネパールやバングラデシュなど南アジア系の人たちがそれぞれ三部屋ずつ、他に一部屋がベトナム人という住民構成である。

周囲にはタイヤや粗大ごみが放置されていた。水回りの悪い安アパートに東南アジア系の外国人が居住したときに特有の、長粒種のコメを炊いた匂いと豚肉の調理臭に、下水の腐敗臭が混じった匂いも漂っている。

ドライブレコーダーに残された映像のなかには、犯人が携帯電話を使い、片言の日本語を使って売価を交渉する場面もあった。電話口の相手はカンボジア人だと思われた。こちらのアパートもカンボジア人が多く住んでおり、誰かが事情を知っている可能性は高そうだが——。

「ここに住んだのは一週間前から。近くの弁当工場で働いています。他の友だちもそう」

取材に応じた、三〇代のカンボジア人女性のナナ（仮名）はそう話した。

ちなみに彼女はボドイ（カンボジア人の場合は「ルオッ・ケェッ・クルオン」という）ではなく、「難民認定申請中」という立場だ。日本滞在はそこそこ長いらしく、日本語である程度はコミュニケーションができた。

ナナによると、彼女はもともとは技能実習生。その後は日本での就労を目的に偽装の難民申請を三ヶ月毎に繰り返すことで、裏技的に短期の在留資格を得ているらしい。「日本人と偽装結婚がいちばん確実だけど、結婚は嫌だから」とのことだ。

ちなみに、ベトナム人が日本で難民申請をおこなっても、ほぼ窓口ではねられる。だが、かつて内戦で政情が混乱していたカンボジア人の場合、母国で迫害されると主張すれば、認定申請中の宙ぶらりんの立場ながらも日本国内にとどまり続けることが可能なようだ。

彼女によると、同じ部屋で暮らすルームメイトにも偽装難民がいるという。おそらく他の部屋の住民たちも同様だろう。

ちなみに、ホンダカーズ野崎店の被害車両のドライブレコーダーは警察も確認しているはずだが、過去にこのアパートに、盗難車両の捜査目的で警官が来たことはないという。ナナ自身の滞在期間が短いせいかもしれないが、結果的に小規模の被害でおさまった外国人がらみの窃盗事件について、栃木県警が県をまたいだ捜査を敬遠した可能性もありそうだ。彼女は言う。

「クルマのことは私は知らない。でも、ベトナム人からフェイスブック経由で（無車検・無保険状態で）クルマを買うカンボジア人は大勢います」

実は、近年の在日外国人のアンダーグラウンドの世界には、各国の力関係を反映するようなヒエラルキーが存在している。

すなわち、外国人登録証や車検証・ナンバープレートの偽造など高度な技術が必要な犯罪や、利幅の大きなヤミ商売は中国人。その経済圏の〝恩恵〟にあずかりつつ、現場で窃盗をおこなうのがベトナム人。そして最終消費者の立場でハイリスクな盗品を購入するのがカンボジア人という図式だ（ほか、大泉町や太田市付近でボドイを雇用する南米系の経営者たちがおり、盗難車両の売却先として南アジア系の自動車業者が関与する場合もある）。

捜査が進んでいないので詳細は不明だが、今回は車両を盗んだベトナム人グループが直接、カンボジア人たちに車両を売ろうとしたようだ。仮に車両が発見されていなければ、ホンダカーズ野崎店の車両も、カンボジア人らの愛車に化けていた可能性が高い。

（『週刊ポスト』二〇二四年一一月八・一五日号「追跡ルポ　ベトナム人車両窃盗団」より改稿）

＊＊＊

本文中でチーの言葉として紹介した通り、すこし前まではやや牧歌的なイメージがあったボドイ犯罪は、コロナ禍が終わった頃から換金性が高い違法行為を大規模におこなう例が目立つようになった。

二〇二四年七月、広さ四五〇平米の工場倉庫内など関東各地の四拠点で末端価格五億円相当の大麻を栽培していたベトナム人男女六人が逮捕された事件や、同年一二月に山口県内で合計四・四トン（時価五一〇〇万円以上相当）の銅線を盗んだ容疑で三人が逮捕された事件なども、こうした流れに含まれる。

もうひとつ、従来と異なる新しい傾向が、日本人の高齢者や過疎集落などをターゲットにした犯罪が増えはじめていることだ。

たとえば二〇二四年春、長野県や関東一帯の山間部や能登《のと》地震の被災地などで窃盗を繰り返していたベトナム人集団が逮捕された。彼らは過疎地の家屋で空き巣を繰り返していた模様である。また、同年六月に茨城県常陸大宮《ひたちおおみや》市の山間部で、複数人のボドイたちが一人暮らしの九〇歳女性を縛り上げて現金三〇〇〇円などを奪った事件が起き、後に三人が逮捕されている。

考えてみれば、彼らが来日後に技能実習で送り込まれたり、ボドイになった後で不法就労したりする場所は、農業・漁業分野であれば過疎地が多い。雇い主は高齢の老夫婦、子どもはひとり立ちして都会に……といったケースもすくなくない。

つまり、彼らは日本社会で最も防御力が脆弱《ぜいじゃく》な部分を体験的に知っているということだ。

ひとたび犯罪をおこなおうと考えた場合に、過疎地の家屋や高齢者をターゲットとして選ぶことは、発想としては自然だろう。

今後、事態がエスカレートしないことを祈ってやまない。

話は変わって、日本に出稼ぎに来るベトナム人たちを悩ませるのが在留資格の問題である。技能実習生は薄給で、移動や職業選択の自由がない。留学生は週あたりの労働時間が限られ、ある程度は真面目に勉強する必要もある。かといって、技人国や特定技能の在留資格を得られるのは、一定以上の職業技術や日本語能力を持つ「高度人材」である。ベトナム人の場合、難民申請を繰り返して日本に滞在し続ける裏技も現実的ではない。

そこで浮上するのが、在留資格を目的にした国際結婚によって日本に滞在する方法だ。

二〇二二年一〇月、私はベトナムで取材をおこない、国際結婚をアレンジするお見合い業者や、一族の娘を海外に送り出して生計を立てる「花嫁村」を取材した。当時の記事を紹介していこう。

ちなみに、このとき現地取材で通訳とコーディネーターを務めてくれたのは、『「低度」外国人材』の第三章・第四章に登場した中国語の達人でシングルマザーのホアだった。彼女はコロナ禍でハノイ市内の民泊をいったん畳み、その後はフリーの中国語通訳として働いている。

第三節　国際結婚の深い闇

業者

「はじめまして。ベトナム人妻をお探しですか？」

ここはベトナム南部、メコンデルタ地方で最大の都市・カントーにあるホテルの一室だ。私のスマホのＺａｌｏ《ザロ》（ＬＩＮＥに似たベトナム製のメッセンジャーアプリ）の画面に、現地の結婚エージェントからの日本語の文章が表示された。

私が「はい」と打ち込むと、連続して受信音が鳴り、同じ女性の写真が一気に一〇枚も送られてきた。どれも写りが異常にきれいだ。画像修整ソフトで美化しているのだろう。

「この女の子は二五歳、日本人Ｎ４、結婚歴なし、学歴：大卒」

「身長：一メートル五八、体重四九キロ」

「タトゥーのない女の子」

メッセージの「日本人Ｎ４」は機械翻訳のミスで、実際は「日本語能力試験のＮ４」という意味だろう。英検でいう四級相当。一般的なベトナム人技能実習生の日本語能力とほぼ同じである。

私は結婚相手を探す日本人出張者のフリをして、この業者に直接会って話を聞けないかと持ちかけてみた。

「あなたが好きな女を選ぶ」

「私たちは明日会います」

翻訳ソフトを用いたらしい生硬な日本語で返事が続く。本来は長く滞在しないと、花嫁希望者の女の子に面接したり家族と交流したりはできないそうだが、とにかく業者から事情を聞くことはできそうだった——。

ありえないプロフィール

すでに書いたように、在留資格の問題は出稼ぎベトナム人たちの大きな悩みの種である。技能実習、留学、技人国・特定技能……と、各種の在留資格にはそれぞれデメリットやハードルの高さがあるためだ。

そこで、「結婚」という荒業を選ぶ人がいる。日本人の配偶者としての在留資格を得れば、就労時間や職種の制限がいっさいなくなるからだ。

出稼ぎ目的の結婚のパターンはふたつある。

ひとつは、書類上の「配偶者」とはほとんど顔も合わせず籍だけを入れる、文字通りの偽装結婚だ。女性の場合は相手の日本人男性に五〇万円程度、男性の場合は相手の日本人女性に数百万円の支払いが必要になるというが、入管の警戒も厳しい。ハイリスクな手段と言えるだろう。

もうひとつの方法が、冒頭のようなお見合いサービスを通じて日本人と結婚し、実際の夫婦関係を築くパターンだ。いわば、恋愛結婚と偽装結婚の中間形態である（なので、もともとはお金や在留資格が目的だったはずが、結婚後は夫婦として幸せに暮らしてしまうケースもありうる）。

ベトナム人女性が技能実習生や留学生の立場で日本に出稼ぎに行く場合、出国前にさまざまな名目で六〇～一〇〇万円程度の費用がかかる（二〇二二年時点。近年はやや安価）。だが、お見合いサービス経由の結婚ならば金銭的な負担はゼロだ。業者に手数料を払い、女性の来日費用ほか諸費用を負担するのは、基本的に相手側の日本人男性だからである。「自分が嫁ぐ」ことの心理的なハードルは高いものの、技術や語学力がない人でも元手がゼロで日本に出稼ぎ（どころか永住）できるメリットは大きい。

もっとも、ビザ目的の結婚は怪しい世界である。

それは、日本人男性の私がベトナム系の結婚エージェントに連絡しただけでも体感できた。「この女性と結婚できます」と、絶世の美女や巨乳の女性の写真がスマホに大量に送られてきたからだ。

いっぽう、日本人との結婚を望むベトナム人女性にも、やはり「夢」が示される。

たとえばこちらは、通訳のホアがフェイスブックの国際結婚グループから探してきた、結婚エージェントがベトナム人女性向けに出している「日本側の男性求婚者」のプロフィールだ。

・青森県、四一歳、一六九センチ、五三キロ、初婚、大卒、会社員、年収一六〇〇万円
・愛知県、三六歳、一七二センチ、七六キロ、初婚、院卒、会社役員、年収一〇二五万円

いずれも、顔にはボカシがかかっているものの、スーツ姿のスマートな男性の写真付きである。

しかし、日本国内の婚活市場でも引く手あまたの若いハイスペック男性が、成婚に多額の費用が必要な国際結婚業者に登録して、出稼ぎ目的のベトナム人女性と結婚することは考えにくい。

そもそも、スマートな外見かつ年収一六〇〇万円で婚活中の男性会社員（青森県在住）は、現実的に存在し得るのか。日本社会についての常識がすこしでもあれば、投稿に〝騙《だま》し〟があることは容易に想像できる。

美女とカネとウソ。ベトナムの国際結婚市場は、男女双方の幻想で支えられている。

日韓台中のベトナム花嫁争奪戦

二〇二二年一〇月二七日午後、ベトナム南部のカントー市内の喫茶店で待っていた私とホアの前にあらわれた結婚エージェントA社の社員は、アン（仮名、二五歳）と名乗った。顧客に結婚相手への期待を持たせるためか、彼女自身も美しい外見の女性だ。

「日本人なのに若い！」

私と出会って開口一番に、アンはそう話した。私はこの当時でも四〇歳なのだが、ホアが理由を尋ねたところ、あながちお世辞で驚いてみせたのではなかったらしい。

「うちのお客さんになるのは、中国・台湾・韓国の人が多いんですよね。彼らは基本的に、①貧しい人、②高齢者、③若くてピチピチした奥さんがほしい中高年のお金持ちのいずれか。いっぽうで日本人男性の場合、ほとんどが②で、六〇歳以上のおじいちゃんが普通です。だから、あなたみたいな若い人を見るのは初めてなんですよ」

A社は日本にも代理店がある。日本国内から申し込んだ場合、ベトナムへの渡航費や滞在費も含めて九〇～一九〇万円が必要だという。

ただ、ベトナム国内で直接申し込めば、わずか七〇〇〇万ベトナム・ドン（約四一万円。レートは取材当時）で、公的手続きを含めてすべて代行してくれるそうだ。

「日本国内でベトナム人の結婚希望者を探す場合、三〇歳前後の技能実習生やボドイの女性を紹介されがちです。でも、ベトナム国内で探すなら、もっと若くて高卒～短大卒くらいの〝高学歴〟の女性を紹介できます」

「男性側が負担する費用は約四〇万円だけ、ということですか？」

「ほかに、気持ちとして女性の家族に四五万円くらいのお金を払ってください。他社が登録する女性には、このお金を目当てに国際結婚と離婚を繰り返す人もいますが、ウチにそういう女性はいません」

花嫁が嫁ぐ前に日本語を覚えてほしい場合は、男性側が結婚前に三ヶ月～一年間ほど待つ。その間、学費と生活費を合わせて一〇〇〇万～一四〇〇万ベトナム・ドン（約五・九万～八・二万円）を毎月送金し、現地でトレーニングしてもらうのだ。

かつてカントー市内には、こうした需要に応《こた》える「花嫁日本語塾」が複数あったそうだが、コロナ禍で閉じたという。

「でも、あなたの場合、ベトナム人の奥さんがほしければ、こちらの通訳さんに紹介してもらったほうが、しっかりした相手と出会えるんじゃないですか?」

優等生のホアと私が中国語でやりとりする様子を見て、アンが私の正体をいぶかしんだ。当然の疑問だろう。

疑いを晴らすために「彼女の知り合いには若い子やスタイルのいい子がいなくて。おっぱいの大きい子がいいんですよ」と言ってみる。

「おっぱいの大きい子、いっぱいいますよ」

「若い子はいますか?」

「もちろん。あなた自身も若いから、一〇代後半から二〇代前半の花嫁も簡単に見つかるでしょう」

「じゃあ、ものすごく若い子は?」

「一六歳や一七歳を紹介することも可能ですよ。ただ、ベトナムの法律がありますから、実際に籍を入れるのは一八歳以上になってからですが」

アンはあっさり答えた。

ただ、若い美人をほしがるとなれば、他国の男性との熾烈《しれつ》な花嫁争奪戦が待っている。

「今日の午前中も、花嫁を探す中国人男性二人を案内したところです。中国人の求婚者には若い男性も多くて、日本人の倍の費用を払うんです。ついこの間、成婚した人も、ほら、こんな感じで」

スマホに保存した写真を見せてくれた。ベトナムの結婚エージェントの世界に「個人情報保護」という考えはないらしい。

写真に写っていたのは、短髪のがっしりした中国人青年と、やや幼い印象のかわいいベトナム人女性だ。この青年は湖南《こなん》省出身の三四歳のコックだという。彼は結婚相手について、二〇代の初婚女性のみという条件をつけていたが、男性側も若かったので条件通りの女性が見つかったそうだ。

「現在、中国は母国のゼロコロナ政策の影響で、出入国が非常に大変（取材当時）。それでも奥さんを探して、田舎からベトナムまでやって来るんです」

中国では過去の一人っ子政策の影響から、親世代が妊娠した際に、やがて家を継がせる男児を選択的に生む（＝女児を中絶する）傾向が強かった。結果、現代の中国社会では男性が女性より約三四九〇万人も多い（二〇二一年時点）という、極端な男女不均衡が生じている。だが、儒教的な価値観もあって、周囲からの結婚へのプレッシャーは極めて強い。

その結果、農村部を中心に、隣国から花嫁を迎えて子どもを産ませる例が増えた。なかでもベトナム人は、外見や生活習慣が中国人と近いので人気である。オーストラリアの公共ニユース・チャンネル『ABC』の中国語版によると、これまでに約一〇万人のベトナム人女性が中国に嫁ぎ、定住したとみられるという。

「ただ、中国人との結婚はトラブルも多いんです。ベトナム人女性が国際結婚をする目的は、嫁ぎ先で働いて実家に仕送りするため。ところが、いざ中国に行ってから、夫の地元がベトナムよりも貧しいと知って逃げ出す例がしばしばあります。ある村から中国に一〇人嫁いだのに、全員が逃げ帰ったこともありました。これに比べると、日本行きは相手がおじいさんであること以外はまだマシで……」

アンは話し続けた。

一族揃って出稼ぎに行く

ところで、こうした花嫁たちはどんな場所から海を越えているのか。

私たちがもうひとつ取材した場所が、ベトナム北部ハイフォン市の郊外にあるダイホップ村だ。

「娘が台湾に嫁いだのは二〇〇五年。相手は建設労働者で、娘より一二歳年上のすごく太った男性だったけど……。仲良くやってるよ。子どもも二人生まれた」

二階建ての豪奢《ごうしゃ》な自宅の広いロビーで、村人のガン（女性、六五歳）はそう話した。屋内にかざられていた巨大な結婚写真のなかで、若い頃の天海祐希《あまみゆうき》に似た美しいベトナム人女性が微笑んでいる。ガンの次女で、二三歳で台湾人と結婚したという。

ダイホップ村は、ベトナムにいくつかある海外向けの「花嫁村」のひとつだ。もとは海辺の貧村だったというが、二〇〇五年ごろから台湾や韓国へ嫁ぐ女性が急増した。ベトナム国内の『越南法制』というニュースサイトによると、村で生まれた結婚適齢期の女性の約三分の一が外国人と結婚し、一〇年間で村の貧困率は一三パーセントから五パーセント以下に激減したという（一五年八月二二日の報道当時）。

事実、現地を歩いてみると、都市部から離れた村にもかかわらず、ガンの家を含めて瀟洒《しょうしゃ》な家屋が立ち並んでいた。集落の中心には、五階建てビルくらいの高さがある真新しい教会もそびえ立っている。村人の寄付が多いのだろう。

もっとも、二〇歳前後の女性が、相手が誰かもわからない異国の男性に嫁ぐことには、ベトナム国内でも批判がある。一〇年ほど前までは、花嫁候補者の女性数十人を全裸でズラッと並ばせ、韓国人や台湾人の男性に選ばせるような悪質な仲介業者も存在しており、ときおり逮捕者も出ていた。

また、女性が嫁ぎ先でＤＶに遭うなどして、離婚して子連れで村に戻ったものの、異国で育った子どもはベトナム語ができずに孤立して——といった悲劇もすくなからずあるという。

「でも、うちはひどいことはなかった。韓国は寒くて、料理が口に合わないし、夫のＤＶが多いって噂もある。けど、台湾は気候や食べ物がベトナムと近くて、人も優しい。私も長く暮らしたからわかるよ」

ガンは明るく話す。彼女やほかの村人によると、国際結婚は男性側の持参金そのものの収入よりも、一族揃って先進国に出稼ぎに行く道が開けることが最大の魅力なのだという。

このガン夫妻についても、次女の結婚後に親族訪問ビザで台湾に渡航し、そのまま現地に残って一〇年間も不法就労を続けた。さらに息子や親戚《しんせき》の男の子たちも労働者として台湾に渡航して、一族でがっつりと稼いだ。

二〇二〇年、ガン一族はベトナムの平均年収の一四倍以上の金額である一一億ドン（約六五〇万円）を投じて、ダイホップ村に〝豪邸〟を建てた。

同じ不法滞在と不法就労でも、日本の農村で季節労働者として働いているボドイたちとは雲泥の差を感じる話である。

（『週刊プレイボーイ』二〇二二年№48「ベトナム「花嫁村」の知られざる実態！」および安田峰俊『性與欲望的中國：從性事看見真正的中國』（大塊文化）収録稿より改稿）

＊　＊　＊

以上が、近年の取材成果の一部だ。

かつて二〇二〇年秋、私が「群馬の兄貴」を追っていた当時は、日本国内の警察もメディアも在日ベトナム人問題の取り扱いに慣れていなかった。だが、近年はこの話題は日本社会でも市民権を得た感がある。

ひとつだけ自慢を書けば、私が使いはじめた「ボドイ」という単語は、いまやＮＨＫや大手紙の報道でも普通に見かけるようになった。それだけ、近年はボドイがらみの話題が多く、「ベトナム人不法滞在者やそれに近い人たち」という概念を示す単語が必要とされているのだ。

ちなみに、技能実習生の人数で中国とベトナムが逆転したのは二〇一六年だ。加えて日本国内の外国人犯罪摘発件数も、一九年に中国とベトナムで国別の一位が入れ替わった。

技能実習生の労働問題にせよ、外国人犯罪にせよ、在日外国人にまつわるニュースの主役は、平成時代は中国、令和になってからはベトナムだと考えることも可能である。

本書『「低度」外国人材』の取材期間は、ちょうど平成と令和の端境期だ。図らずして、日本国内の外国人地図が切り替わる時期を切り取った作品になったと言える。

ただ、この章（新書版で追加した章）で記したその後の状況からもわかるように、在日ベトナム人事情は常に変化を続けている。日本社会の足元で広がる「低度」外国人材の不思議な世界は、継続的に観察してこそ問題の本質が理解できる。

願わくは、今後もその変容を追い続けたいところだ。

主要参考文献一覧

※（　）内はレーベル名、シリーズ名、雑誌号数を記載

出井康博『ルポ　ニッポン絶望工場』講談社（講談社＋α新書）、二〇一六年
今井昭夫、岩井美佐紀編『現代ベトナムを知るための60章（第2版）』明石書店（エリアスタディーズ）、二〇一二年
NHK取材班『外国人労働者をどう受け入れるか　「安い労働力」から「戦力」へ』NHK出版（NHK出版新書）、二〇一七年
『現代思想』（二〇一九年四月号「特集＝新移民時代　入管法改正・技能実習生・外国人差別」）青土社、二〇一九年
小村明子『日本のイスラーム　歴史・宗教・文化を読み解く』朝日新聞出版（朝日選書）、二〇一九年
斉藤善久「外国人技能実習制度の問題点―技能実習法の与える影響」『労働法律旬報』（1897）、二〇一七年
斉藤善久「ベトナムにおける「労働力輸出」産業の実態と問題点」『季刊労働法』（248）、

二〇一五年
拓徹「「デーオバンド派」とは何か―南アジアのイスラーム過激派?」(「アジア平和構築イニシアティブ」プロジェクト・ホームページ)、二〇一八年。二〇二〇年一二月二五日アクセス確認
店田廣文『日本のモスク　滞日ムスリムの社会的活動』山川出版社(イスラームを知る)、二〇一五年
永吉希久子『移民と日本社会　データで読み解く実態と将来像』中央公論新社(中公新書)、二〇二〇年
樋口直人、稲葉奈々子、丹野清人、福田友子、岡井宏文『国境を越える　滞日ムスリム移民の社会学』青弓社、二〇〇七年
宮田律『現代イスラムの潮流』集英社(集英社新書)、二〇〇一年
米今達也『ルポ江田島カキ打ち実習生殺人事件　外国人技能実習制度の闇』梅田出版、二〇一六年

章扉デザイン　國枝達也
写真　郡山総一郎（カバー・第五、六章扉）
安田峰俊（第一～四、七、新章扉・本文内）

本書は二〇二一年三月に小社より刊行した単行本を修正し、新章を加えて新書化したものです。

本文中に登場する方々の肩書きや年齢は、いずれも取材時のものです。第五章、第六章の為替レートは一人民元一五・六円です。

安田峰俊（やすだ・みねとし）
1982年滋賀県生まれ。紀実作家。主に中華圏をフィールドとする。立命館大学人文科学研究所客員協力研究員。立命館大学文学部史学科東洋史学専攻卒業後、広島大学大学院文学研究科博士前期課程修了。2018年に『八九六四 「天安門事件」は再び起きるか』（KADOKAWA）で第５回城山三郎賞、19年に第50回大宅壮一ノンフィクション賞を受賞。他著に『和僑　農民、やくざ、風俗嬢。中国の夕闇に住む日本人』『移民 棄民 遺民　国と国の境界線に立つ人々』（角川文庫）、『八九六四　完全版 「天安門事件」から香港デモへ』『恐竜大陸　中国』（角川新書）、『中国ぎらいのための中国史』（PHP新書）、『民族がわかれば中国がわかる　帝国化する大国の実像』（中公新書ラクレ）など多数。

「低度《ていど》」外国人材《がいこくじんざい》
移民《いみん》焼《や》き畑国家《はたこっか》、日本《にっぽん》

安田峰俊《やすだみねとし》

2025年 4月 10日　初版発行

発行者　山下直久
発　行　株式会社KADOKAWA
〒102-8177　東京都千代田区富士見 2-13-3
電話　0570-002-301（ナビダイヤル）

装 丁 者　緒方修一（ラーフイン・ワークショップ）
ロゴデザイン　good design company
オビデザイン　Zapp!　白金正之
印 刷 所　株式会社暁印刷
製 本 所　本間製本株式会社

角川新書

ISBN978-4-04-082487-1 C0295

KADOKAWAの新書 ❦ 好評既刊

統一教会との格闘、22年

鈴木エイト

2002年、都内で偽装勧誘を目撃したのをきっかけに、統一教会の問題とかかわるようになった著者。時に嫌がらせ、脅迫、圧力を受けながらも一人、偽装勧誘阻止や取材を行ってきた。「鈴木エイト」であり続けられた背景をたどる。

経営教育
人生を変える経営学の道具立て

岩尾俊兵

人生、仕事、家庭、社会における問題の根本原因である「有限な価値の奪い合い」には、対処する方法がある。本書では即実践可能な「経営学の道具立て」である価値創造三種の神器を解説。気鋭の経営学者にして経営者による最新提言。

バブルリゾートの現在地
区分所有という迷宮

吉川祐介

狂乱のバブル期、デベロッパーのターゲットにされたのが新潟県湯沢町などのリゾート地だった。数十年が経ち、そこには価格が暴落したり、法律の濫用で身動きが取れなくなった施設が存在する。不動産問題を調査する著者が現状を伝える。

軍拡国家

望月衣塑子

武器輸出の原則禁止が2014年に解禁され、10年が過ぎた。歯止めは少しずつ緩和され、ついに殺傷能力を持つ武器まで輸出可能に。防衛予算も激増した。政治家の思惑、空虚な日米同盟、製造現場の人々の思いなどを多角的に伝える。

財閥と学閥
三菱・三井・住友・安田、エリートの系図

菊地浩之

「三井物産は高商（現・一橋大）閥だった」「戦後の三菱グループは慶応閥が拡大」――その真偽の程は？「財閥作家」として定評のある著者が膨大な史資料を通して、四大財閥の三菱・三井・住友・安田に形成された学閥の起源をひもとく。

KADOKAWAの新書 好評既刊

象徴のうた

永田和宏

日本史上初めて、即位のときから「象徴」であった平成の天皇。激戦地への慰霊の旅、被災地訪問などを通して、象徴のあり方を模索してきた。当代随一の歌人であり、両陛下ともゆかりの深い著者が、御製御歌にあふれる思いと背景を読み解く。

AIにはできない
人工知能研究者が正しく伝える限界と可能性

栗原　聡

ChatGPTを始めとする生成AIの万能性が人類への脅威としても論じられているが、現在のAIは決して万能ではない。人工知能研究の専門家が、AIの「現在の限界」をわかりやすく解説し、その先にある「次世代AIの可能性」を探る。

駿甲相三国同盟
今川、武田、北条、覇権の攻防

黒田基樹

東国戦国史上、最大の分岐点となった、駿河今川・甲斐武田・相模北条の三大名による攻守軍事同盟。世界でも稀有な同盟の成立から崩壊までの全軌跡を、日本中世史研究の第一人者で大河ドラマの時代考証者が、研究成果を基に徹底検証。

高倉健の図書係
名優をつくった12冊

谷　充代

「山本周五郎の本、手に入らないか」。高倉健は常に本を求める俳優だった。時代小説の人情、白洲正子の気風、三浦綾子の「死ぬ」という仕事――30年間「図書係」として本を探し続けた編集者が、健さんとの書籍を介した交流を明かす。

部首の誕生
漢字がうつす古代中国

落合淳思

「虹」はなぜ「虫」がつくのか、「零」はなぜ「雨」なのか……身近な部首の起源を探ると、古代中国の景色が見えてくる！　甲骨文字研究の第一人者が、中国王朝史の裏にある部首の成立の過程を辿り、文化・社会との関係性を解きほぐす。